CB135059

o amor vence

BIBLIOTECA PARTICULAR

ROB BELL

BIBLIOTECA PARTICULAR

o amor vence

UM LIVRO SOBRE O **CÉU**, O **INFERNO** E O **DESTINO** DE TODAS AS PESSOAS QUE JÁ PASSARAM PELA TERRA

SEXTANTE

Título original: *Love Wins*
Copyright © 2011 por Robert H. Bell Jr. Trust.
Copyright da tradução © 2012 por GMT Editores Ltda.
Todas as citações bíblicas foram retiradas da Bíblia Sagrada,
Nova Versão Internacional® NVI®.
Publicado mediante acordo com a Harper Collins Publishers.
Todos os direitos reservados. Nenhuma parte deste livro pode ser utilizada ou reproduzida sob quaisquer meios existentes sem autorização por escrito dos editores.

tradução
Joel Macedo

preparo de originais
Alice Dias

revisão
Clarissa Peixoto e José Tedin

projeto gráfico e diagramação
DTPhoenix Editorial

capa
Miriam Lerner

impressão e acabamento
Cromosete Gráfica e Editora Ltda.

CIP-BRASIL. CATALOGAÇÃO-NA-FONTE
SINDICATO NACIONAL DOS EDITORES DE LIVROS, RJ

B381a Bell, Rob.
O amor vence / Rob Bell [tradução de Joel Macedo]; Rio de Janeiro: Sextante, 2012.
176p.; 14x21 cm

Tradução de: Love wins
ISBN 978-85-7542-830-6

1. Confiança em Deus. 2. Fé. I. Macedo, Joel. II. Título.

CDD: 248.4
12-5132 CDU: 27-423.79

Todos os direitos reservados, no Brasil, por
GMT Editores Ltda.
Rua Voluntários da Pátria, 45 – Gr. 1.404 – Botafogo
22270-000 – Rio de Janeiro – RJ
Tel.: (21) 2538-4100 – Fax: (21) 2286-9244
E-mail: atendimento@esextante.com.br
www.sextante.com.br

Sumário

PREFÁCIO

Milhões de nós

PARA COMEÇAR,
um pouco sobre este livro.

Primeiro, acredito que a história de Jesus diz respeito principalmente ao amor de Deus por cada um de nós. É um amor maravilhoso, lindo e amplo, que é concedido a todas as pessoas, em todos os lugares.

Esta é a história.
"Porque Deus tanto amou o mundo..."
Foi por isso que Jesus veio.
Esta é a mensagem.
É onde a vida é encontrada.

Um número cada vez maior de pessoas está consciente de que a verdadeira história de Jesus foi substituída por outras que o Filho de Deus não está interessado em contar simplesmente porque não têm nada a ver com o seu propósito ao vir à Terra. O enredo foi perdido, e está na hora de recuperá-lo.

Este livro foi escrito para todas as pessoas que já leram ou ouviram alguma versão da história de Cristo que tenha feito sua pressão subir, seu estômago ficar embrulhado e seu coração pronunciar palavras como: "Nunca irei fazer parte disso."

Você não está só.
Há milhões como nós.

Este amor nos leva a questionar algumas coisas que nos contaram sobre Jesus. Fizeram-nos crer que um seleto grupo de cristãos viverá eternamente em um lugar de paz e alegria chamado céu, enquanto o resto da humanidade será deixado para sempre no tormento do inferno. Muita gente aprendeu que esta é uma verdade imutável da fé cristã e que rejeitá-la é o mesmo que rejeitar Jesus. Isso é um equívoco. Além do mais, essa ideia não ajuda a propagação da mensagem de amor, alegria, perdão e paz que o Senhor nos trouxe e que precisamos desesperadamente ouvir.

Foi por isso que escrevi este livro.

Mas também o escrevi porque há outro engano a respeito de Jesus: a fé que ele prega não se omite frente às grandes perguntas sobre temas como Deus, salvação, julgamento, céu e inferno, mas, ao contrário, nos leva ao âmago de cada uma delas.

Muitos fazem essas perguntas.
Cristãos,
não cristãos,
pessoas que *foram* cristãs, mas que deixaram de ser porque fizeram essas perguntas,
pessoas que acham que os cristãos são alienados e foram iludidos,
pastores, líderes e pregadores.
As perguntas estão por toda parte.

Algumas comunidades cristãs não permitem uma investigação franca e honesta sobre os assuntos que mais importam. Muita gente que expressou suas preocupações, que confessou uma dúvida ou que levantou uma questão ouviu da igreja uma resposta vaga como "Nós não discutimos essas coisas aqui".

O diálogo por si só é algo divino. Abraão deu o melhor de si para chegar a um acordo com Deus; a maior parte do livro de Jó consiste em discussões entre ele e seus amigos sobre profundas questões do sofrimento humano; Deus praticamente é julgado nos poemas do livro Lamentações; e Jesus responde a quase todas as questões que lhe são apresentadas com uma pergunta: "O que você acha disso?"

Os antigos sábios diziam que as escrituras sagradas continham palavras pretas em páginas em branco – há sempre um espaço vazio para ser preenchido com nossas respostas, opiniões, anseios, desejos, sabedoria e descobertas. Minha esperança é que isso possa libertar você. Para Jesus, não há pergunta difícil ou assunto delicado. Ao mesmo tempo, alguns temas não têm a importância que as pessoas lhes atribuem. Muito sangue foi derramado por causa da divisão da igreja, de julgamentos de heresias e de debates acalorados sobre assuntos que não eram relevantes. Algumas vezes, tais conflitos não passavam de uma maneira de nos afastar daquilo que era verdadeiramente importante. Jesus nos libera para tratar as coisas como elas são.

Entenda, por favor, que nada neste livro deixou de ser ensinado, recomendado ou realizado por muitos antes de mim. Eu não criei nenhuma linha de pensamento inovadora que vá de encontro a tudo o que já foi dito inúmeras vezes. Esta é a beleza da fé cristã, histórica e tradicional: ela é um rio largo e profundo que vem correndo há milhares de anos, transmitindo uma incrível variedade de vozes, pontos de vista e experiências.

Portanto, se este livro não fizer nada mais que introduzir você na antiga discussão sobre a ressurreição de Jesus em toda a sua complexidade vibrante, diversa, desarmônica e multifacetada, bem, eu já ficarei emocionado.

CAPÍTULO 1

E se furar o pneu?

Muitos anos atrás, organizamos uma exposição de arte em nossa igreja. Após uma série de palestras sobre pacificação, convidamos os artistas a exporem suas obras, apresentando quadros, esculturas e poemas que refletissem seu entendimento sobre o que significava ser um pacificador. Uma mulher incluiu em seu trabalho uma citação de Mahatma Gandhi, que muitas pessoas consideraram bastante pertinente.

Mas nem todas.

Alguém colou um pedaço de papel sobre a obra de arte.

Nesse papel estava escrito: "Ele está no inferno."

Sério?

Gandhi está no inferno?

Temos confirmação disso?

Alguém tem certeza?

E esse alguém decidiu assumir a responsabilidade de informar isso para todos nós?

Será mesmo que, entre todos os bilhões de pessoas que já viveram, apenas um pequeno grupo conseguirá ir "para um lugar melhor", e todas as outras criaturas sofrerão castigos para sempre? Isto é aceitável para Deus? Será que Ele criou bilhões de pessoas ao longo de dezenas de milhares de anos para deixá-las passar a eternidade em aflição? Deus pode fazer isso, ou mesmo permitir isso, e ainda assim se apresentar como um Deus amoroso?

Será que Deus castiga pessoas com o tormento infinito e eterno por coisas que elas fizeram nos seus poucos e finitos anos de vida?

Essas perguntas não levantam apenas questões sobre Deus, mas também sobre a natureza de nossas crenças.

Por que eles?

Por que você?

Por que eu?

Por que não ele, ela ou eles?

Se apenas algumas pessoas vão para o céu, o mais difícil de entender é: como elas são escolhidas?

Casualidade?

Sorte?

Seleção aleatória?

Ter nascido no lugar certo, na família certa ou no país certo?

Ter um pastor jovem que "se relaciona bem com a garotada"?

Escolha divina?

Que tipo de fé é esta?

Ou, ainda mais importante:

Que tipo de Deus é este?

Sempre que um povo afirma que um grupo está salvo, aceito por Deus, perdoado, iluminado, redimido – e todos os outros não –, por que é que os que fazem esta afirmação estão sempre no grupo que está "dentro"?

Você já escutou alguém falar sobre os escolhidos e não se dizer parte integrante desse grupo?

Certa vez, ouvi uma mulher contar que, durante o velório de um amigo da filha – morto num acidente de carro –, um homem aproximou-se e lhe perguntou se o rapaz era cristão. A menina disse que o amigo se dizia ateu. O homem então lhe disse: "Neste caso, não há esperança."

Não há esperança?
É esta a mensagem cristã?
"Não há esperança"?
É isso que Jesus oferece ao mundo?
É este o chamado santo dos cristãos, anunciar que não há esperança?

A morte de jovens como esse levanta uma questão sobre a "idade da prestação de contas". Alguns cristãos acreditam que até certa idade as crianças não são responsáveis pelas suas crenças; logo, se morrerem nesse período, têm seu lugar assegurado ao lado de Deus. Porém, quando atingem determinada idade, elas se tornam responsáveis por aquilo em que creem e, se morrerem, estarão com Deus apenas se tiverem dito, feito, ou acreditado nas coisas "certas". Para os que aceitam essa teoria, a idade da prestação de contas é por volta dos 12 anos.

Essa ideia sugere uma série de questões, e uma delas é o risco que cada vida nova enfrenta. Se todos os bebês que nascessem fossem criados para *não* crer nas coisas certas e, desta forma, fossem condenadas ao inferno, então interromper a vida de uma criança prematuramente – em algum momento entre a concepção e os 12 anos – seria, na verdade, uma atitude amorosa, pois garantiria que ela acabasse no céu e não no inferno.

Esse assunto suscita outras perguntas que envolvem a morte de uma criança. O que acontece quando um ateu de 15 anos morre? Haveria uma janela de três anos em que ele poderia tomar a decisão que mudaria seu destino? Ele perdeu sua chance? E se ele tivesse vivido até os 16 e justamente no décimo sexto ano viesse a crer naquilo que "deveria"? O acesso a Deus estava limitado àquele período de três anos? Ou ainda: se a mensagem de salvação não chegasse ao rapaz antes de sua morte, então ele era apenas um azarado?

E o que exatamente deveria acontecer naqueles três anos para mudar seu futuro?

Ele teria que passar por alguma cerimônia ou um ritual específico?

Ou assistir a alguma aula?

Ou ser batizado?

Ou frequentar uma igreja?

Ou teria que acontecer uma mudança em algum lugar do seu coração?

Alguns acreditam que ele deveria orar. Os cristãos não são unânimes sobre qual deveria ser a oração específica, mas, para muitos, a ideia básica é que o único meio para se chegar ao céu é orando, pedindo perdão a Deus e declarando que aceita Jesus, que crê que ele morreu na cruz para pagar o preço de seus pecados e que deseja ir para o céu quando morrer. Há quem chame isso de "aceitar Jesus", outros, de "oração do pecador", e ainda há quem chame de "ser salvo", "nascer de novo" ou "ser convertido".

O que dá origem, é claro, a mais perguntas. O que dizer das pessoas que recitaram alguma oração em algum momento da vida, mas que hoje não significa nada para elas? E aqueles que oraram em um ambiente altamente carregado de emoção, como um acampamento jovem ou culto de igreja, somente porque era a coisa a ser feita, mas não tinham consciência do que estavam fazendo? E aquelas que não se declaram cristãs mas têm atitudes mais parecidas com as de Cristo do que os próprios cristãos?

Logo somos levados a perguntas perturbadoras sobre a própria mensagem de Jesus. Alguns religiosos acreditam que tudo o que importa é ir ou não para o céu. Então é esta a mensagem? É disso que trata a vida? Um caminho para chegar a outro lugar? Se o evangelho afirma isso – se o papel de Jesus é levar as pessoas para outro lugar –, então a mensagem central do cristianismo não diz respeito a esta vida, e sim a providenciar aquilo de que você precisa para a vida futura. O que, é claro, desperta outra pergunta: Isto é o melhor que Deus pode fazer?

Toda essa discusssão suscita um questionamento ainda mais desconcertante: Então não importa o tipo de pessoa que eu sou, contanto que tenha orado e acreditado nas coisas certas? Se realmente é nisso que os religiosos creem, não há mais motivação para fazer qualquer coisa que possa aplacar o sofrimento do mundo, porque o que vale é acreditar que vamos partir algum dia para estar com Jesus em outro lugar.

Se é este o entendimento que as pessoas fazem das palavras de Jesus, é possível que acabemos em um mundo de bilhões de seres humanos pobres, famintos e sedentos, com a Terra sendo explorada e poluída, com a doença e o desespero se espalhando por toda parte enquanto os cristãos não estão nem aí. Como se isso não fosse ruim o bastante, poderíamos até ver pessoas rejeitando Jesus por causa da forma como agem seus seguidores.

Seria trágico.

Quando uma mulher de nossa igreja convidou um amigo para assistir a um de nossos cultos, ele quis saber se era uma igreja cristã. Ela disse que sim, e ele contou que, certa vez, cristãos da sua cidade natal, no Leste Europeu, capturaram um grupo de muçulmanos, trancaram-nos em um prédio e abriram fogo contra eles, matando-os a todos. Ele então falou que, como era muçulmano, não tinha interesse em visitar uma igreja cristã.

Pense nas pessoas que conhecem os cristãos apenas pelo que veem na televisão e, assim, presumem que Jesus é contra a ciência, contra os gays e fica nas calçadas com seu alto-falante dizendo aos passantes que eles vão queimar no inferno.

E o que dizer dos indivíduos que são educados em igrejas cristãs e se afastam da religião quando ficam mais velhos? Quase sempre os pastores, seus pais e irmãos se preocupam com eles e com sua espiritualidade, o que é bastante natural. Mas, em alguns casos, eles rejeitam a igreja e a fé porque ouviram dizer que seguir Jesus era a única salvação, e se recusam a crer nisso. Talvez estejam repudiando as mesmas coisas que Jesus repudiaria. Algumas versões sobre Jesus deveriam mesmo ser rejeitadas.

Muitas vezes, quando encontro um ateu e conversamos sobre o deus em que ele não acredita, chego à conclusão de que eu também não acredito naquele deus.

Então, quando ouvíssemos dizer que certa pessoa "rejeitou Cristo", deveríamos perguntar: "Qual Cristo?"

Muita gente responderia a essa pergunta dizendo que nós precisamos acreditar que Deus irá colocar em nosso caminho os representantes de Jesus que nos mostrarão a verdade transformadora de sua mensagem. A passagem bíblica de Romanos 10:14 é muitas vezes citada para explicar isso: "E como ouvirão, se não houver quem pregue?" Eu concordo plenamente, mas tal ideia provoca outra pergunta: Se nossa salvação, nosso futuro e nosso destino dependem de que os outros tragam a mensagem até nós, o que acontece se eles não fizerem a sua parte?

E se o pneu do carro do missionário furar?

Isso suscita outra pergunta, ainda mais embaraçosa:
O futuro de cada um de nós está nas mãos de outra pessoa?

O que leva a outra pergunta:
A vida dos outros está em nossas mãos?

Se for assim, não apenas uma pessoa tem que responder, orar, aceitar, crer, confiar, confessar e fazer – mas também a outra precisa agir, ensinar, viajar, organizar, levantar fundos e construir para que a primeira saiba *como* responder, orar, aceitar, crer, confiar, confessar e fazer.

Alguns cristãos poderiam afirmar que a questão não é tão complicada assim e que Deus tem muitas outras maneiras de se comunicar além da interação entre as pessoas. O ponto realmente essencial é ter um "relacionamento pessoal" com Deus por meio de Jesus. Independentemente do que aconteça, de quem pregue a quem, ou do que venha a ser feito, o que importa é somente isto: ter um relacionamento pessoal com o Senhor. Se não houver isso, você morrerá longe de Deus e passará a eternidade ardendo no fogo do inferno.

O problema, entretanto, é que a expressão "relacionamento pessoal" não aparece em nenhum lugar da Bíblia.

Não está nas escrituras hebraicas nem no Novo Testamento. Jesus nunca usou esse termo. Paulo também não, tampouco João, Pedro, Tiago ou a pessoa que escreveu a epístola aos Hebreus.

Então, se este é o segredo de tudo, por que ninguém falou nisso até os últimos cem anos?

Esta questão remete a outra pergunta: Se a mensagem de Jesus é que Deus oferece o dom gratuito da vida eterna por meio de seu filho – uma dádiva que não podemos alcançar por nossos esforços, obras ou boas ações –, e tudo o que precisamos fazer é aceitar, confessar e crer, por acaso essas coisas não são verbos?

E verbos não são ações?

Aceitar, confessar, crer – essas são coisas que nós *fazemos.*

Isto significa, então, que ir para o céu depende de alguma coisa que eu faça?

Como isso pode ser uma graça?

Como pode ser uma dádiva?

Mas, o que os cristãos sempre alardearam como diferencial de sua religião não é exatamente o contrário? Que não é preciso *fazer* nada porque Deus já fez tudo por meio de Jesus?

Neste ponto, outra voz entra na discussão – a voz sábia e equilibrada daqueles quem nos lembram que tudo isso é uma história.

Então apenas a leia, porque uma boa história tem o poder de nos resgatar das discussões teológicas abstratas que podem nos manter amarrados durante anos.

Em Lucas 7, lemos a história do centurião romano que manda um recado para Jesus, dizendo que tudo o que ele precisa fazer é pronunciar uma palavra e seu servo será curado. Jesus fica impressionado com a confiança que aquele homem tem nele e, voltando-se para a multidão que o segue, declara: "Eu digo que nem em Israel encontrei tamanha fé."

Mais adiante, em Lucas 18, encontramos a história de dois homens que vão até o templo orar. O primeiro orgulha-se de não ser um pecador, enquanto o outro se mantém à distância e diz: "Deus, tem misericórdia de mim, que sou pecador." E é este que vai para o céu.

Então, um pouco mais à frente, no capítulo 23 do mesmo evangelho, o homem pregado na cruz ao lado de Jesus olha para ele e fala: "Lembra-te de mim quando entrares no teu Reino." E Jesus lhe garante que eles estarão juntos no paraíso.

Na primeira história, o centurião faz um discurso sobre como funciona a autoridade; na segunda, o homem ora pedindo compaixão; e, na terceira, o homem pede que seja lembrado em alguma data futura.

No primeiro caso, Jesus não está apenas aceitando e aprovando; ele está impressionado.

No segundo caso, as palavras humildes do homem o colocaram em uma posição mais vantajosa do que a do religioso.

E, no terceiro caso, o homem recebe a promessa de que estará com Jesus no paraíso.

Então é o que você diz que o salva?

Mas, em João 3, Jesus diz a Nicodemos que se ele quiser ver o reino de Deus precisa "nascer de novo".

E, em Lucas 20, quando Jesus é questionado sobre a vida após a morte, ele faz referência aos que são "considerados dignos de tomar parte na era que há de vir".

Então é preciso nascer de novo,
ou é necessário ser considerado digno?

O que o salva é o que você diz,
ou o que você é?

Em Mateus 6, Jesus está ensinando seus discípulos a orar e afirma que, se eles perdoarem os outros, Deus os perdoará, mas, se não perdoarem os outros, então Deus não os perdoará.

Em seguida, em Mateus 7, Jesus adverte: "Nem todo aquele que me diz: 'Senhor, Senhor', entrará no Reino dos céus, mas apenas aquele que faz a vontade de meu Pai que está nos céus."

Mais adiante, no capítulo 10, Jesus ensina que "aquele que perseverar até o fim será salvo".

Afinal, para sermos aceitos por Deus, nós temos que perdoar os outros, fazer a vontade do Pai ou "perseverar até o fim"?

O que importa?
É o que dizemos,
o que somos,

a quem perdoamos,
se fazemos a vontade de Deus,
ou se "perseveramos"?

Em Lucas 19, um homem chamado Zaqueu diz a Jesus: "Estou dando a metade dos meus bens aos pobres; e, se de alguém extorqui alguma coisa, devolverei quatro vezes mais."

A resposta de Jesus foi: "Hoje houve salvação nesta casa!"

Então, é o que dizemos,
quem somos,
o que fazemos,
ou o que dizemos que vamos fazer?

Em Marcos 2, Jesus está pregando em uma casa cercada por uma multidão. Por não ser possível atravessar aquele muro de gente, alguns homens fazem um buraco no telhado para descer um amigo paralítico em uma maca, a fim de que Jesus o cure. Quando Jesus vê a fé dos homens, diz para o doente: "Filho, os seus pecados estão perdoados."

Os pecados do *paralítico* são perdoados por causa da fé *dos amigos dele*?

Então se trata do que você diz,
de quem você é,
do que você faz,
do que você diz que vai fazer,
ou de quem são seus amigos e do que eles fazem?

Em 1 Coríntios 7, está escrito: "Você, mulher, como sabe se salvará seu marido? Ou você, marido, como sabe se salvará sua mulher?" E Paulo escreve na sua primeira carta a Timóteo que as mulheres serão salvas "dando à luz filhos" (capítulo 2).

Logo, é o que você diz,
quem você é,
o que você faz,
o que você diz que vai fazer,
quem são os seus amigos,
com quem você se casa,
ou se você tem filhos?

Essas perguntas nos conduzem a uma das primeiras histórias de "conversão" da igreja. Em Atos 22, lemos a respeito de um homem chamado Saulo (depois, Paulo) que está indo à cidade de Damasco para prender os cristãos e, subitamente, ouve uma voz que lhe pergunta: "Saulo, por que você me persegue?"

Saulo responde com outra pergunta: "Quem és tu, Senhor?"

A voz, então, replica: "Eu sou Jesus, a quem você persegue. Levante-se, entre na cidade; alguém dirá o que você deve fazer."

Esta foi sua experiência de "conversão"?

Paulo ouve uma pergunta.

Então responde com uma pergunta à pergunta que lhe foi feita.

Ele ouve que quem lhe fala é Jesus e que ele deve entrar na cidade e lá saberá o que fazer.

Ora, então o que o salva
é o que você diz,

quem você é,
o que você faz,
o que você diz que vai fazer,
quem são seus amigos,
com quem você se casa,
se você tem filhos,
se alguém lhe faz perguntas,
se você responde com outra pergunta,
ou se você faz o que lhe mandam fazer?

Em Romanos 11, Paulo escreve: "E assim todo o Israel será salvo."

Todo o Israel?

Logo, o que determina sua salvação é a tribo, a família, ou o grupo étnico em que você nasceu?

Em Lucas 11, os fariseus dizem que Jesus tem ligações com o diabo porque é capaz de expulsar os demônios. Então, em Marcos 3, alguns membros da família de Jesus aparecem para buscá-lo, porque ele está "fora de si". E, em Mateus 16, quando Jesus pergunta aos seus discípulos quem o povo diz que o filho de Deus é, lhe respondem: "Alguns dizem que é João Batista; outros, Elias; e, ainda outros, Jeremias ou um dos profetas."

O que vemos nessas passagens bíblicas é que quase todos, pelo menos no início, têm muita dificuldade para entender quem é Jesus.

Com exceção de um certo grupo.

Em Lucas 4, um homem possuído por "espírito imundo" grita para Jesus: "Sei quem tu és: o Santo de Deus!"

E, em Mateus 8, quando Jesus chega à praia na região dos gadarenos, outro homem possuído por demônios grita para ele: "Que queres conosco, Filho de Deus?"

E, em Marcos 1, Jesus não deixa os demônios falarem, "porque sabiam quem ele era".

Nos relatos sobre Jesus, vemos que muita gente – inclusive sua própria família – não tem certeza de quem ele é, a não ser os demônios, que sabem exatamente quem ele é e o que está fazendo.

Como escreveu Tiago em sua carta: "Você crê que existe um só Deus? Muito bem! Até mesmo os demônios creem – e tremem!" (capítulo 2).

Em Lucas 7, uma mulher "pecadora" invade a casa onde Jesus está, derrama-lhe perfume sobre os pés, molha os pés do Mestre com suas lágrimas e depois os enxuga com seus cabelos. Jesus diz então para a mulher: "Seus pecados estão perdoados."

Ou seja, os demônios creem,
e lavar os pés de Jesus com lágrimas faz seus pecados serem perdoados?

Nós poderíamos continuar,
versículo após versículo,
trecho após trecho,
fazendo perguntas após perguntas
sobre céu, inferno, vida futura,
salvação, fé, julgamento,
sobre quem é Deus,

sobre como é Deus
e de que forma Jesus se encaixa nisso tudo.

Porém, este não é um livro de perguntas.
É um livro de respostas.

Sendo assim, vamos em frente.

CAPÍTULO 2

Aqui é o novo futuro

PRIMEIRO,
o céu.

Havia um quadro pendurado na parede da casa da minha avó que estava lá desde antes do meu nascimento. A pintura retratava pessoas que iam de um lugar sombrio rumo a uma cidade iluminada, resplandecente. A "ponte" que ligava os dois extremos era uma enorme cruz, grande o suficiente para centenas de pessoas passarem por ela. A cruz flutuava sobre um precipício vermelho e preto que ameaçava engolir quem desse um passo em falso.

Certa vez, perguntei à minha irmã Ruth se ela se lembrava desse quadro, e ela imediatamente respondeu: "Mas é claro! Morríamos de medo dele!"

É impressionante o que nós somos capazes de lembrar. Uma imagem ou sensação pode se instalar em nossa consciência de tal forma que, muitos anos depois, ela ainda está lá. Isto é particularmente verdadeiro quando se trata de religião.

Minha esposa, Kristen, e eu conversamos muitas vezes que deveríamos criar nossos filhos de maneira que eles tenham o mínimo possível para *desaprender* mais tarde na vida.

Uma das poucas imagens violentas que Jesus usa é quando fala sobre aqueles que fazem cair em pecado as crianças que creem nele. Com uma alegoria intencionalmente exagerada, ele declara que o único castigo apropriado é amarrar uma pedra de moinho no pescoço deles e afogá-los nas profundezas do mar (Mateus 18).

Morte por afogamento – esse é o padrão de punição de Jesus para aqueles que levam os pequeninos ao pecado. Uma advertência assustadora, e necessária, sobre a natureza vulnerável da mente infantil.

Não dá para afirmar que o quadro da casa da minha avó fez isso, mas ele certamente assustou a mim e a minha irmã.

Decidi comentar sobre essa pintura aqui não por suas qualidades artísticas, mas porque ela conta uma história.

Ela é a história do movimento,
de um lugar para o próximo,
de um reino para outro,
da morte para a vida,
onde a cruz é a ponte, o caminho, a esperança.

As pessoas na tela estão indo para algum lugar, um lugar para o qual escolheram ir, e estão deixando alguma coisa para trás, para que possam seguir em frente.

Mas a história também conta algo mais,
algo muito, muito importante,
sobre localização.
De acordo com a pintura,
tudo está acontecendo em *outro lugar*.

Cruzes gigantes não ficam suspensas no ar no mundo que você e eu chamamos de lar. Cidades não flutuam. Se você caísse da cruz/calçada no nosso mundo, não entraria em queda livre num abismo de cavernas vermelhas gigantescas e névoa assustadora.

Esse quadro é citado aqui porque, por mais surreal que seja, o que ele conta sobre o céu – que está em *algum outro lugar* – é o que muitos acreditam ser a história cristã.

Pense nas representações de céu que existem em nossa cultura: harpas, nuvens, ruas de ouro, pessoas serenas vestidas com túnicas brancas.

Pense em todas as piadas que começam com alguém batendo nas portas do céu, e São Pedro, como um porteiro de boate, decidindo quem pode ou quem não pode entrar.

Para todas essas questões e confusões a respeito do céu e de quem pode entrar lá, a única coisa que parece comum a todas as teorias é que o céu está em *algum outro lugar.*

As perguntas que são feitas sobre o céu muitas vezes têm um tom do outro mundo:
O que nós faremos todos os dias?
Reconheceremos as pessoas que conhecemos aqui?

Como será o céu?
Haverá cachorros por lá?

Eu já ouvi pastores dizendo "O céu é diferente de tudo o que nós podemos compreender; é como um culto que nunca acaba", o que pode levar alguns a pensarem: "Isso soa mais como o inferno."

Há pregadores que concentram seu discurso sobre o céu principalmente em quem *estará lá* e quem *não estará*. Em um mesmo culto, uma mulher pode chorar de emoção enquanto imagina seu reencontro com a irmã morta em um acidente de carro há 17 anos. Sua vizinha de banco, porém, percebe que, se o que o pastor está dizendo for verdade, ela ficará separada de sua mãe, seu pai, seus irmãos, primos, sobrinhos, tios e amigos para todo o sempre, sem jamais ter chance de reencontrá-los. Ela também derrama lágrimas, mas são lágrimas de um tipo diferente.

Quando ela pergunta se sua família realmente não vai para o céu porque ninguém é cristão, o pastor garante que ela estará tão feliz ao lado de Deus que nem se importará com isso. Essa resposta causa aborrecimento e confusão porque as pessoas que ela mais ama no mundo *são importantes* para ela.

Mas acaso há outra maneira de imaginar o céu além de um lugar perfeito, luminoso, que paira no ar acima de uma região sinistra coberta de fumaça e fogo incandescente?

Eu afirmo que há.

Em Mateus 19, um homem rico pergunta a Jesus: "Mestre, que farei de bom para ter a vida eterna?"

Para algumas pessoas, esta é *a* pergunta, aquela que mais interessa. Compaixão pelos pobres, igualdade racial, cuidado com o meio ambiente, adoração, estudo e arte são coisas importantes sim, mas, para alguns seguidores de Jesus, não é o que realmente interessa.

O que interessa é a eternidade, certo?

Pelo menos é o que o adesivo no para-choque diz.

Há organizações, sites e jornais dedicados a treinar pessoas para abordar estranhos em lugares públicos e perguntar: "Quando você morrer e Deus lhe perguntar por que deveria deixá-lo entrar no céu, o que você dirá?"

Também há grupos de cristãos que batem de porta em porta perguntando: "Se você morresse esta noite, para onde iria?"

A pergunta do homem rico, portanto, é a oportunidade perfeita para Jesus dar uma resposta clara e direta para a única questão que realmente importa para muitos.

Podemos supor que Jesus corrigirá o entendimento equivocado daquele homem sobre como a salvação acontece. Ele dirá que a vida eterna não é algo que se possa adquirir ou merecer; é uma graça gratuita.

Depois, ele convidará o homem a se confessar, se arrepender, confiar, aceitar e crer que Jesus traçou um caminho para que ele tenha um relacionamento pessoal com Deus.

Como qualquer bom cristão faria.

Jesus, entretanto, não faz nada disso.

Ele pergunta ao homem: "Por que você me pergunta sobre o que é bom? Há somente um que é bom. Se você quer entrar na vida, obedeça aos mandamentos."

Entrar na vida?

Jesus se refere à intenção do homem como "entrar na vida"? E depois afirma que isso acontece quando se obedece aos mandamentos? Não era isso que Jesus deveria dizer.

O homem então quer saber a *quais* mandamentos deve obedecer. Há 613 deles só nos cinco primeiros livros da Bíblia; logo, essa é uma pergunta relevante. Na época em que Jesus vivia gastava-se um tempo enorme em discussões e debates sobre esses 613 mandamentos, analisando como interpretá-los e segui-los.

Então alguns eram mais importantes que outros?
Eles podem ser resumidos?
O que fazer quando encontramos um animal caído num buraco em um sábado, dia sagrado do descanso?

Resgatar o animal poderia ser considerado "trabalho", o que desobedeceria ao mandamento que prescreve que não se pode fazer qualquer tipo de esforço no sábado. Mas há mandamentos que dizem respeito a proteger e preservar a vida – incluindo a dos animais; então, o que acontece quando obedecer a um mandamento exige que você desobedeça a outro?

Os Dez Mandamentos foram importantes nesse diálogo porque abordam muitos aspectos da vida em poucas palavras. Jesus se refere a eles ao responder à pergunta do homem sobre quais mandamentos deve seguir. Jesus então cita cinco dos Dez mandamentos. Mas não foram cinco quaisquer. Os primeiros quatro mandamentos eram reconhecidos por tratar da nossa relação com Deus, e Jesus não mencionou nenhum deles. Os seis mandamentos restantes tratam do relacionamento entre os seres humanos e Jesus menciona cinco deles, deixando apenas um de fora.

O homem escuta a lista de *cinco* mandamentos e garante que cumpre todos eles.

Jesus então lhe diz: "Vá, venda os seus bens e dê o dinheiro aos pobres, e você terá um tesouro nos céus." Isso leva o homem a se retirar, triste, "porque tinha muitas riquezas".

Nós perdemos alguma coisa?

As palavras importantes – "vida eterna", "tesouro", "céu" – estavam todas lá, mas elas não foram usadas na conversa da maneira como muitos cristãos as usam.

Jesus não deveria ter dado uma resposta objetiva à pergunta sobre como ir para o céu? Será que o homem se retirou por achar que Jesus desperdiçou uma oportunidade "evangelística" perfeita? Como pode uma pergunta tão simples – que Jesus poderia responder facilmente sob a perspectiva cristã – se transformar em um diálogo intrincado, envolvendo mandamentos, tesouros e riqueza, e terminar com o homem virando as costas e indo embora?

A resposta está na pergunta.

Quando o homem pergunta sobre como ter a "vida eterna", ele não está querendo saber como ir para o céu quando morrer. Esse não era o conceito nem para ele nem para Jesus. Esta é a razão pela qual Jesus não diz às pessoas como "ir para o céu". Não foi isso que ele veio fazer aqui.

Para Jesus, céu estava vinculado ao que ele chamava de "esta era" e a "era que há de vir".

Em Mateus 13, Jesus fala de uma colheita no "fim desta era" e, em Lucas 20, ensina sobre "os filhos desta era" e sobre alguns que são "considerados dignos de tomar parte na era que há de vir". Às vezes, ele descreve a era que há de vir simplesmente como "entrar na vida", como em Marcos 9 ("É melhor entrar na vida mutilado"), e outras vezes, como em Lucas 21, ensina que, ao perseverar, "vocês obterão a vida" (na era que há de vir). E, então, pouco antes de deixar seus discípulos, Jesus, em Mateus 28, garante que estará sempre com eles "até o fim dos tempos".

Os discípulos de Jesus lhe perguntam, em Mateus 24, "E qual será o sinal da tua vinda e do fim dos tempos?" porque esta é a maneira como eles aprenderam a pensar sobre as coisas – em termos desta era e da era que há de vir.

Outra maneira de dizer "vida na era que há de vir", na época de Jesus, seria usando o termo "vida eterna", ou *olam habah*, em hebraico.

O que devo fazer de bom para entrar na *olam habah*?

Quando o homem rico vai embora, Jesus se volta para seus discípulos e lhes diz: "Ninguém que tenha deixado casa, mulher, irmãos, pai ou filhos por causa do reino de Deus deixará de receber, na presente era, muitas vezes mais e, na era futura, a vida eterna" (Lucas 18).

A palavra inglesa para "era" nesta passagem é *aion* no grego do Novo Testamento. *Aion* tem múltiplos significados – um deles será examinado agora e outro será investigado mais adiante. *Aion* se refere menos a uma medida precisa de tempo, como uma hora, um dia, ou um ano, do que a um período. Isso é fundamental para o entendimento da palavra *aion*, porque ela não significa "para sempre" da maneira como nós compreendemos essa expressão. Quando dizemos "para sempre", estamos nos referindo a alguma coisa que continuará ano após ano, nunca cessando em todas as medidas de tempo possíveis, como um relógio que nunca interrompe o seu tique-taque. Isso não é *aion*. Esta palavra grega se refere a um período de tempo que tem um começo e um fim.

Portanto, de acordo com Jesus, existe esta era, este *aion* –
o tempo em que nós estamos vivendo –
e existe a era que há de vir,
também chamada de "mundo vindouro"
ou simplesmente "vida eterna".

A prática de enxergar o presente e o futuro como duas eras não surgiu com Jesus. Ela veio de uma extensa linhagem de profetas que falavam sobre a era que há de vir centenas de anos antes dele. Esses profetas acreditavam que a história estava se dirigindo para algum lugar, e não apenas a história deles como tribo e nação, mas a história do Universo inteiro – porque eles acreditavam que Deus não tinha abandonado o mundo, e, por isso, um novo dia, uma nova idade, uma nova era estava a caminho.

O profeta Isaías disse que naquele novo dia
"todas as nações correrão para" Jerusalém
e Deus "resolverá contendas de muitos povos".

As pessoas "farão de suas espadas arados,
e de suas lanças, foices" (capítulo 2).

Isaías disse que todos andarão
"na luz do Senhor"
e que "ninguém fará nem mal nem destruição"
naquele dia.

A terra, disse Isaías,
"se encherá do conhecimento do Senhor
como as águas cobrem o mar" (capítulo 11).
Ele profetizou "um farto banquete para todos os povos"
porque Deus "destruirá o véu que envolve todos os povos, a cortina que cobre todas as nações;
destruirá a morte para sempre".
Deus "enxugará as lágrimas de todo rosto e retirará de toda a terra a zombaria do seu povo" (capítulo 25).

O profeta Ezequiel disse que serão dados aos povos o cereal, os frutos e as safras do campo, além de um coração novo e um espírito novo (capítulo 36).

O profeta Amós, por sua vez, prometeu que tudo será consertado, restaurado, reerguido, e "vinho novo gotejará dos montes" (capítulo 9).

Vida na era que há de vir.
Se isso soa como o céu na terra
é porque é isso mesmo.
Literalmente.

Algumas observações sobre as promessas dos profetas em relação à vida na era que há de vir:

Primeiro, eles falam sobre "todas as nações". Isso quer dizer *todo o mundo*.

Todos, com suas diferentes cores de pele, línguas e sotaques; todos os tipos de comida e música; costumes, hábitos, padrões, vestimentas, tradições e modos de celebração –

multiétnico,
multissensorial,
multitudo.

Esta é uma realidade extraordinariamente complexa, interligada e diversa, uma realidade na qual as identidades individuais não são perdidas ou reprimidas, mas abraçadas e celebradas. Uma unidade que vai além e, portanto, abarca plenamente todos os níveis de diversidade.

Alguém preconceituoso seria uma criatura desprezível no mundo que há de vir.

Em segundo lugar, uma das coisas que mais chamam a atenção nas imagens que os profetas hebreus usam para descrever essa realidade é como ela é terrena. Vinhos, colheitas, cereais, gente, banquetes, contruções e casas. É *daqui* que eles estão falando, deste mundo, o único que nós conhecemos – porém, resgatado, transformado e renovado.

Quando Isaías previu que as lanças se transformariam em foices, estava fazendo uma referência ao cultivo da terra. Arar, semear, colher, dedicar atenção ao plantio, ver se a plantação tem água o suficiente para crescer, se as raízes estão fundas o bastante. Terra presa debaixo das unhas, uvas sendo pisadas por pés descalços, dedos lambuzados de frutas comidas com a mão. Aquele rastro verde que você deixa no chão depois de andar sobre a grama recém-cortada.

Vida na era que há de vir.
Terrena.

A terceira observação é que grande parte da visão dos profetas sobre a vida na era que há de vir já existia antes deles. Já havia a história de Adão e Eva no livro do Gênesis, que foram colocados em um jardim para dar nome aos animais, cuidar da terra e desfrutar dela.

Nomear é ordenar, participar, ter parceria com Deus na administração do mundo em algum lugar.

"Aqui está um mundo vasto, belo e fascinante", disse Deus. "Faça alguma coisa com ele!"

Para que haja vinho novo, alguém precisa amassar as uvas.

Para a cidade ser reconstruída, alguém precisa derrubar árvores para fazer as vigas de sustentação das casas.

Para que não haja mais guerra, alguém precisa pegar as espadas e derretê-las, para transformá-las em instrumentos agrícolas.

Essa participação é importante porque Jesus e os profetas tinham plena consciência de que Deus estava procurando colaboradores desde o princípio, pessoas que levariam a sério sua responsabilidade de cuidar da terra e do seu próximo de maneira sustentável e amorosa. Eles centraram sua esperança no Deus que não desiste da terra que ele mesmo criou e das pessoas que a habitavam; no Deus que é a fonte da vida, que trabalha por meio de sua própria criação para fazer uma coisa nova; no Deus que pode fazer o que os humanos não podem; no Deus que dá novos espíritos, novos corações e novos futuros.

O cerne desta visão do florescimento humano no mundo renovado por Deus era o anúncio dos profetas de que muitas coisas que existem neste mundo não conseguiriam sobreviver no mundo vindouro.

Como a guerra.
O estupro.
A cobiça.
A injustiça.
A violência.
O orgulho.
A divisão.
A exploração.
A desgraça.

A descrição que os profetas fazem da vida na era que há de vir é ao mesmo tempo excitante e amedrontadora, pois, para que a terra fique livre de qualquer elemento destrutivo ou danoso, algumas coisas devem ser expurgadas. Decisões devem ser tomadas. Julgamentos devem ser feitos. E eles falam de um dia decisivo de limpeza e purificação, que é quando Deus executará esses julgamentos, o "dia do Senhor".

Esse é o dia que Deus dirá "BASTA!" para tudo que ameaça a paz (*shalom* em hebraico), a harmonia e a saúde que Ele deseja para o mundo.

Deus dirá não para a injustiça.
Deus dirá "Nunca mais" à opressão que pesa sobre o fraco e desprotegido.
Deus declarará a extinção das armas.

É importante lembrar disso na próxima vez que ouvirmos as pessoas dizerem que não podem crer em um Deus que julga.

Podem sim.

Muitas vezes, é só nisso que pensamos.
Sempre que há um vazamento de óleo no mar,
quando ouvimos relatos de mulheres violentadas,
sempre que algum líder político cala a oposição usando a tortura, a prisão ou a execução,
quando vemos alguém crescer em uma empresa que está mais interessada no lucro do que na vida humana
e quando nos deparamos com um coração sendo enganado,
brandimos nosso punho e protestamos:
"Por favor, alguém faça alguma coisa!"

Nós desejamos o julgamento,
ansiamos por ele,
temos sede dele.
Traga-o,
desate-o,
como diz o profeta Amós,
"corra a justiça como um ribeiro perene!" (capítulo 5).

O mesmo acontece com a palavra ira. Ouvimos as pessoas dizerem que não podem crer em um Deus que se ira – mas, sim, elas podem!

Como Deus poderia reagir diante de uma criança obrigada a se prostituir? Como Deus poderia se sentir ao ver um povo faminto enquanto os comandantes militares se apropriam da comida do país?

Que tipo de Deus não ficaria irado com a política que rouba as economias de milhares de pessoas?

E esta é a promessa dos profetas sobre a era que há de vir:
Deus age.
Decisivamente.
Em favor daqueles que alguma vez foram esmagados pelo sistema,
que sofreram abuso,
que foram explorados,
esquecidos
ou maltratados.
Deus coloca um fim nisso.
Deus diz "BASTA".

É claro que celebrar isso, antecipar isso e nos sentirmos impactados por essa promessa traz consigo a ideia assombrosa de que conhecemos o que se oculta em nosso próprio coração –
a nossa parte na corrupção do mundo,
os meios pelos quais nossos próprios pecados contribuem para a aflição que nos rodeia,
o fato de endurecermos o coração e seguimos em frente, ignorando o clamor de algum necessitado.

No meio das mensagens dos profetas sobre o julgamento de Deus também encontramos promessas de misericórdia e graça. Isaías falou em nome de Deus: "Venham... embora os seus pecados sejam vermelhos como escarlate, eles se tornarão brancos como a neve" (capítulo 1).

A justiça e a misericórdia dão as mãos,
se beijam,

caminham juntas na era que há de vir,
uma era que é complexa, terrena, participativa e livre de toda morte, destruição e desespero.

Quando falamos sobre céu, vida eterna ou vida após a morte, é importante levar em consideração aquilo que era habitual ao povo judaico do primeiro século, quando Jesus viveu. Eles não conversavam sobre uma vida futura em *algum outro lugar*, mas falavam sobre o dia em que o mundo seria restaurado, renovado e redimido, e quando haveria paz na terra.

Portanto, quando o homem pergunta como entrar na vida eterna, Jesus não se surpreende nem se constrange, porque este era um dos temas mais importantes para o povo da sua época.

Como você pode ter certeza de que fará parte do mundo novo que Deus vai criar? Como é possível se tornar o tipo de pessoa a quem Deus confiaria uma tarefa significativa na era que há de vir?

A resposta-padrão costumava ser: obedeça aos mandamentos. Deus mostrou como vivê-los. Viva deste modo. Quanto mais alguém se tornar pacífico, justo e generoso, e quanto mais ajudar na execução do modelo de mundo que Deus almeja, mais estará pronto para assumir uma responsabilidade maior na era que está por vir.

Mas Jesus percebe que há alguma coisa errada naquele homem. Pessoas ricas eram raras na época; então há uma boa razão para acreditar que Jesus sabia algo sobre ele e a sua reputação. Jesus menciona cinco, e não seis, dos mandamentos sobre relacionamento humano. Ele deixa de fora o último mandamento, o que proíbe a cobiça. Cobiça é o desejo de possuir o bem que o outro tem. Cobiça é a doença de sempre querer mais, e tem sua raiz na insatisfação com a vida que Deus deu. Cobiça é o sentimento que acontece quando não se está em paz.

O homem diz que cumpre todos os mandamentos que Jesus mencionou, mas Jesus não citou o mandamento sobre a cobiça. Jesus lhe diz, então, para vender seus bens e distribuir o dinheiro entre os pobres, coisa que ele não diz para outras pessoas, pois não é assunto para elas. Mas para aquele homem, sim. O homem é ganancioso, e a ganância não tem lugar no mundo vindouro. Ele não aprendeu ainda que tem um chamado santo para usar sua riqueza a fim de fazer a criação avançar. Como Deus pode dar a uma pessoa mais responsabilidades e recursos na era que há de vir se ela não administra bem o que lhe foi dado nesta era?

Jesus promete que se ele puder fazer o que lhe foi sugerido, se confiar em Deus para libertá-lo da avareza, ele terá um "tesouro nos céus".

O homem não aceita a proposta e se afasta.

Jesus aproveita a pergunta do homem sobre a vida dele *depois* e a conduz para o tipo de vida que ele está vivendo *agora*. Jesus arrasta o futuro para o presente, prometendo tesouros no céu se ele aceitar o desafio. Mas o que Jesus quer dizer com a palavra "céu"?

Primeiro, na época de Jesus havia um grande respeito pelo nome de Deus – a reverência era tanta que muitos nem ousavam pronunciá-lo. Assim, uma das formas que as pessoas usavam para falar o nome de Deus era substituir a palavra "Deus" pela palavra "céu". Jesus frequentemente se referia ao "reino dos céus" e contava histórias de pessoas "pecando contra o céu". Nestes casos, "céu" é simplesmente outra forma de dizer "Deus".

Em segundo lugar, Jesus se referia claramente ao céu como uma dimensão real da criação de Deus, um lugar onde a vontade de Deus, e somente ela, é feita. Céu é aquela região onde as coisas são como Ele deseja que sejam.

Na terra, muitas vontades são feitas.
A sua, a minha e a de muitos outros.
Logo, no presente, o céu e a terra não são uma unidade.

O que Jesus ensinou,
o que os profetas ensinaram,
o que toda a tradição judaica apontou
e o que Jesus previu
era o dia em que a terra e o céu seriam um.
O dia em que a vontade de Deus seria feita na terra
como é agora feita no céu.
O dia em que a terra e o céu *serão o mesmo lugar*.

Essa é a história da Bíblia.
Essa é a história que Jesus viveu e contou.
E ela está escrita no final da Bíblia, em Apocalipse 21:
"Agora o tabernáculo de Deus está com os homens, com os quais ele viverá."

A vida na era que há de vir.

É por isso que Jesus diz ao homem que se ele vender seus bens terá recompensas no céu. Recompensas são uma realidade mais dinâmica do que estática. Muita gente pensa no céu e imagina mansões (uma palavra que não está em lugar algum da Bíblia), carros de luxo e ruas de ouro no sentido literal, como se o melhor que Deus pudesse proporcionar fosse uma cidade cinematográfica.

Mas estas são imagens estáticas – fixas, superficiais, imutáveis. Um carro é um carro; o mesmo acontece com uma mansão. Dia após dia, eles são a mesma coisa.

Uma mansão e um carro de luxo são bens. Não há nada de errado com os bens; o problema é o que eles representam para nós quando os usamos e de que forma os desfrutamos. Bens e posses são substantivos que só significam alguma coisa ao lado de verbos.

Eis por que a riqueza é tão perigosa: se não tivermos cuidado, podemos facilmente ficar com uma garagem repleta de substantivos.

No texto do Gênesis que inicia a Bíblia, a vida é uma realidade pulsante, progressiva, envolvente e dinâmica, na qual o amanhã não é uma repetição do hoje porque as coisas estão caminhando para algum lugar.

Quando Jesus diz para o homem rico que haverá recompensas para ele, está garantindo que, ao receber a paz de Deus *agora*, ser grato pelo que tem e repartir com os que necessitam, ele terá capacidade para se alegrar no mundo que há de vir.

A maneira como se imagina o céu, portanto, afeta diretamente o modo como se entende o que deve ser feito aqui nesta era. Jesus nos ensina a viver de tal forma que aquilo que criamos, a quem nos dedicamos e como gastamos nosso tempo tenha ressonância no novo mundo.

Por isso, levar o céu a sério significa levar o sofrimento a sério. Não porque embarcamos na utopia de que teremos tempo suficiente, tecnologia abundante e boas opções políticas, mas porque acreditamos que Deus não abandonou a história humana e está trabalhando ativamente dentro dela, levando-a para algum lugar.

Cerca de um bilhão de pessoas no mundo não têm acesso a água tratada. Mas essas pessoas terão acesso a água limpa na era que há de vir; logo, trabalhar pelo acesso a água tratada para todos é participar, agora, da vida na era que há de vir.

É o que acontece quando o futuro é arrastado para o presente.

Muitas vezes tenho a impressão de que os que mais falam sobre ir para o céu quando morrerem são os que menos falam em trazer o céu para a terra no presente. Ao mesmo tempo, parece que os que mais tentam amenizar o sofrimento agora são os que menos falam em ir para o céu após a morte.

Jesus nos ensina a buscar a vida do céu aqui e agora, e antecipar, assim, o dia em que a terra e o céu serão um.

Negócios honestos,
arte libertadora,
justiça confiável,
vida sustentável,
cuidados médicos,
educação,

construir um lar,
cultivar um jardim –
são atividades sagradas que podem ser feitas em parceria com Deus, agora, porque continuarão na era que há de vir.

No céu,
na terra.

Nossa escatologia molda a nossa ética.
Escatologia diz respeito aos últimos dias.
Ética diz respeito a como se vive hoje.

O que se acredita sobre o futuro molda, orienta e determina como se vive agora.

Por que alguém fará alguma coisa por este mundo, se acredita que ao morrer vai partir para *outro lugar*? A noção correta de céu impede a fuga deste mundo e aumenta o comprometimento para com ele, como a antecipação do dia em que as coisas serão na terra exatamente como são no céu.

Quando Jesus diz ao homem rico que ele terá tesouros no céu, está afirmando que se libertar da avareza – ou seja, se desfazer de seus bens – lhe abrirá grandes possibilidades de participação no mundo novo de Deus.

Em Mateus 20, a mãe de dois discípulos pede a Jesus: "Declara que no teu Reino estes meus dois filhos se assentarão um à tua direita e o outro à tua esquerda." Ela não quer uma mansão ou uma montanha de ouro, porque símbolos estáticos de riqueza e prosperidade não eram o que ocupava as mentes das pessoas quando pensavam no céu naquela época. A mulher compreendia o céu como uma parceria com Deus para construir um mundo novo e melhor, um mundo com expressões e dimensões cada vez mais complexas e expansivas de *shalom*, criatividade, beleza e forma.

Daí que quando as pessoas perguntam "O que nós faremos no céu?", uma resposta possível é simplesmente outra pergunta: "O que você gosta de fazer agora que poderá fazer no mundo futuro?"

Que atividade o faz perder a noção do tempo por deixá-lo completamente absorto no que está fazendo? O que o leva a pensar: "Eu poderia fazer isso para sempre" ou "Eu nasci para fazer isso"?

Nossa maneira de ser determina o que fazemos. O céu é paz, quietude, serenidade, é a tranquilidade que nasce quando todas as coisas estão em seu devido lugar – aquele estado em que nada é desejado, necessário ou ausente – e a alegria infinita que vem da participação na contínua criação do mundo.

João escreve em Apocalipse 20 que as pessoas reinarão com Deus. A palavra "reinar" significa "participar ativamente na ordenação da criação". O ser humano foi feito para explorar, descobrir, aprender, criar, moldar, formar e se envolver neste mundo.

Isso ajuda a entender o diálogo entre Jesus e o homem rico. Jesus quer libertá-lo para que ele tenha uma participação mais ativa no mundo de Deus, mas o homem não está preparado para isso.

E sua relutância conduz a outra descoberta sobre o céu.

O céu conforta, mas também confronta.

Os profetas prometeram um novo mundo sem lágrimas, dor, mal, desgraça e doença. Isso é reconfortante. As pessoas vêm se agarrando a essas promessas há muitos anos, porque elas são inspiradoras e podem nos ajudar a sobreviver em meio a qualquer adversidade.

O céu, porém, também confronta. Ele parece ter dentes, chamas, precipícios e pontas afiadas. O que Jesus fez questão de enfatizar na conversa com o homem rico é que algumas coisas decididamente não irão sobreviver na era que há de vir, como a cobiça e a avareza. Uma coisa que ninguém vai querer diante da perfeita paz da presença de Deus é ter a vida de outra pessoa. Aquele homem está tão apegado às suas riquezas e posses que, quando Jesus o convida para deixá-las para trás, ele não consegue.

O coração do homem rico se mostra quando Jesus lhe sugere que venda seus bens. O apego que ele tem às suas posses é revelado, e ele se agarra a elas com ainda mais força.

O apóstolo Paulo escreve em 1 Coríntios 3 que "o Dia" de que os profetas falaram, aquele que dará início à vida na era que há de vir, "trará [a obra] à luz" e "será revelada pelo fogo", um tipo de fogo que "provará a qualidade da obra de cada um". Alguns, neste processo, descobrirão que gastam suas energias e esforços em coisas que não farão parte do céu na terra. Paulo conclui dizendo que "se o que alguém construiu se queimar, esse sofrerá prejuízo; contudo, será salvo como alguém que escapa através do fogo".

Chamas no céu.

Imagine uma pessoa preconceituosa no céu-na-terra, sentada para o grande banquete e percebendo que ao seu lado está um *deles*, um daqueles que ela desprezou durante anos. A atitude preconceituosa simplesmente não sobreviverá. As chamas quentes do céu se encarregarão de queimá-la.

Jesus não promete que num piscar de olhos nós nos tornaremos pessoas totalmente diferentes, com gostos, atitudes e pontos de vista modificados. Paulo deixa muito claro que os nossos "eus" verdadeiros serão revelados, e que, uma vez que pecados, hábitos, intolerâncias, orgulho e ciúme são impedidos de entrar, para alguns não restará muita coisa.

É muito comum ouvir conversas sobre o céu em termos de quem "entra" ou de "como entrar". Mas, na verdade, Jesus está interessado em ver nossos corações transformados para que possamos lidar com o céu. Retratar o céu como êxtase, paz e alegria infinita é uma bela imagem, mas levanta a questão: quantos de nós estariam aptos, da maneira como somos hoje? Como entraríamos em um mundo que não comporta o cinismo, a difamação, a preocupação ou o orgulho?

É importante ter em mente que o céu pode ser uma espécie de ponto de partida, um aprendizado sobre como tornar-se humano novamente.

Imagine viver sem medo. Você levaria um tempo para se acostumar com essa realidade. Da mesma forma, poderia ser estranho viver num mundo onde amar o próximo fosse a única opção, onde todas as decisões fossem tomadas em nome do bem da terra.

Jesus chamou discípulos – estudantes de vida – para aprenderem com ele como viver no novo mundo do modo que Deus gostaria: constantemente aprendendo, crescendo, se envolvendo e absorvendo.

Muito da confusão sobre o céu vem da ideia de que, num piscar de olhos, as pessoas se tornarão completamente diferentes e vão aprender tudo. Mas transformar o caráter, o coração, os desejos e as ambições leva tempo.

Jesus chama discípulos para ensinar o que ser e como ser; a intenção dele é que cresçamos progressivamente em generosidade, honestidade, coragem, responsabilidade e capacidade de perdoar para que, quando essas virtudes prevalecerem em nossas vidas, participemos mais da vida na era que há de vir.

Em Mateus 25, Jesus conta uma história sobre algumas pessoas que foram convidadas para "o reino que foi preparado [para elas] desde a criação do mundo", e a primeira reação delas foi de... surpresa.

Elas começam a fazer perguntas, tentando entender o porquê daquilo. É interessante pensar que essa não é a história de pessoas que caminham resolutas, confiantes de que, por sua fé, determinação, ou mesmo por suas boas ações, mereceram estar ali. Ao contrário, é uma história de pessoas que questionam:

"O quê?"

"Por que nós?"

"Nós o conhecemos?"

"O que fizemos para merecer isso?"

Em Mateus 7, Jesus fala de algumas pessoas muito religiosas que acreditavam que estariam "dentro" e ouviram dele: "Eu nunca os conheci. Afastem-se de mim vocês que praticam o mal!"

Acontece que o céu é cheio de surpresas.

Na história que Jesus conta em Lucas 18 sobre os dois homens que vão ao templo para orar, é o "pecador", o homem "errado", que vai para casa justificado, enquanto o religioso praticante e fiel é severamente julgado.

Surpresa de novo.

Em Lucas 14 há ainda a história de um grande banquete oferecido por um homem. Os convidados – o tipo de gente que normalmente ia a essas festas – tinham coisas melhores a fazer. Então, devido à ausência deles, o anfitrião convidou moradores de rua e pessoas pobres que nunca teriam condições de ir a um banquete como aquele.

Inesperado, surpreendente – não é isso que se costuma pensar sobre o céu. Esses não são ensinamentos isolados no repertório de Jesus; são temas que aparecem repetidamente. Ele fala de cidades repletas de religiosos que correrão grande perigo, enquanto os "pecadores" de reputação duvidosa estarão em situação melhor "naquele dia".

Vamos imaginar uma mãe solteira que tenta criar seus filhos trabalhando em vários lugares e luta para conseguir ajuda do pai das crianças, que costumava bater nela. Essa mulher é fiel e devotada aos filhos. Apesar das circunstâncias, nunca deixa de acreditar que eles podem ser criados num lar de amor e romper com o ciclo da disfunção e do abuso. Ela não sai para se divertir, nunca tira férias, e o dinheiro não sobra para comprar alguma coisa para si. Dorme poucas horas por noite e no dia seguinte repete a dura rotina de cozinhar, trabalhar, lavar, pagar as contas, trabalhar mais, até desabar na cama, exausta, tarde da noite.

Essa mulher tem sido fiel àquilo que recebeu. Ela tem caráter e integridade. Nunca desiste. É carinhosa e amorosa mesmo quando está esgotada.

Uma mulher como essa é confiável.
Será esse o tipo de "último" que Jesus disse que será o primeiro?

Será que Deus perguntará a ela "Você é o tipo de pessoa com quem eu posso contar na terra"?

Agora pense nas mulheres que estampam as capas de revistas. Elas são bonitas, ricas, famosas, talentosas e envolvidas em uma infinidade de escândalos e fofocas.

Onde elas gastam seus milhões de dólares?
O que fazem com seus talentos?
Como usam sua influência?

Elas usam seu poder para ajudar a criar o novo mundo que Deus está projetando?
Ou podemos enxergar nessas pessoas os "primeiros" que serão os últimos, de que Jesus falou?

Quando se trata de pessoas, portanto, Jesus constantemente nos alerta contra julgamentos precipitados sobre quem está dentro e quem está fora do céu.

Mas a surpresa não diz respeito apenas a *quem* tem direito ao céu, mas também a *quando*.

Jesus está pregado na cruz entre dois rebeldes quando um deles lhe diz: "Lembra-te de mim quando entrares no teu reino." (Lucas 23:42)

Observe que esse homem não pede a Jesus que assegure sua entrada no céu. Ele não pede que seus pecados sejam perdoados. Ele não convida Jesus para entrar no seu coração. Não diz que foi convertido. Ele só pede que seja lembrado por Jesus na era que há de vir.

Ele quer fazer parte dela, é claro.

Jesus lhe garante que estará com ele no paraíso... *naquele dia*. O homem não pediu nada para *hoje*. Ele acredita que Deus vai fazer alguma coisa nova por meio de Jesus e quer fazer parte disso, seja quando for.

E isso é tudo que Jesus precisa ouvir para prometer a ele o "paraíso", mais tarde, naquele mesmo dia. Logo ali, dobrando a esquina. Em poucas horas.

De acordo com Jesus, portanto, o céu está tão longe quanto o dia em que o céu e a terra se tornarão um, e tão perto quanto umas poucas horas.

Paulo escreve aos filipenses que Cristo será engrandecido nele, "quer pela vida, quer pela morte" (capítulo 1).

Paulo acreditava que há uma dimensão da criação, um lugar, um espaço, um mundo *além* deste que habitamos, mas que ainda assim está próximo e conectado a ele.

Paulo escreve sobre ter vislumbres desse lugar,
sobre ser um cidadão desse lugar
e sobre estar lá quando morrer.

Paulo escreve aos Coríntios sobre dois tipos de corpos. O primeiro é o corpo em que nós habitamos hoje, o corpo que envelhece, se cansa e, por fim, se acaba. O segundo tipo de corpo ele chama de "imperecível" (1 Coríntios 15), aquele que é imune à ação do tempo, aquele que nós receberemos quando o céu e a terra se tornarem um. Antes disso, porém, logo depois da morte, ficaremos sem um corpo. Estaremos no céu, mas sem um corpo. Corpo é da terra. Feito do pó da terra. É parte desta criação e não daquela. Aqueles que estão agora "no céu" não estão aqui. Eles estão com Deus, sem um corpo.

Essas verdades sobre a incompletude atual da terra e do céu nos levam a outra verdade sobre o céu:
Para Jesus, o céu não era *menos* real, e sim *mais* real.

As suposições e os mal-entendidos da nossa cultura sobre o céu vigoraram por muito tempo. É quase automático para a maioria das pessoas pensar no céu como algo eterno, intangível, esotérico e abstrato.
Flutuante, onírico, nebuloso,
em algum outro lugar.

Pessoas com mantos brancos pairando sobre as nuvens e cantando em perfeita harmonia.

Para Jesus, entretanto, o céu é mais concreto do que imaginamos. A visão dele não só é válida para o futuro, quando a terra e o céu se tornarem um só, mas também para hoje.

Para que você entenda melhor, vamos voltar à palavra grega *aion*, traduzida como "era". Já mencionei antes que *aion* se refere a um período de tempo com um começo e um fim. Mas há outro significado um pouco mais complexo e sutil que faz referência à intensidade de uma experiência que transcende a noção de tempo.

Você se lembra de quando estava entediado numa sala de aula olhando para o tique-taque do relógio esperando o tempo passar? Naquele momento, você tinha a impressão de que os minutos não passavam. O tempo parecia ficar mais lento. Parecia que aquela aula ia "durar para sempre". Quando uso o termo "para sempre" aqui, não estou falando do tempo cronológico de 365 dias seguidos de mais 365 dias e daí por diante. Estou me referindo à intensidade do seu sentimento naquele instante. O tédio aflitivo fazia o tempo esticar.

Outro exemplo, agora menos sobre angústia e mais sobre êxtase: quando alguém se apaixona, as primeiras conversas podem durar horas e, no entanto, parecerem apenas alguns minutos. As duas pessoas ficam envolvidas de tal forma que perdem a noção do tempo. Neste caso, o relógio não fica mais lento; ao contrário, o tempo *voa*.

Quer a experiência seja prazerosa ou angustiante, nos momentos extremos da vida sentimos o tempo se arrastando ou voando. É a isso que *aion* se refere – a uma experiência particularmente intensa. *Aion* pode ser traduzido como "eterno", que tem um significado completamente diferente de "para sempre".

Vou ser bem claro: o céu não é para sempre da maneira como entendemos "para sempre", como uma medida uniforme de tempo, como dias e anos caminhando infinitamente para o futuro. Este não é um conceito encontrado na Bíblia. Por isso, muitos escolhem traduzir *aion* como "eterno". Com isso, eles não se referem à passagem literal do tempo, e sim ao tempo transcendental, que pertence a outra dimensão.

Para resumir, algumas vezes Jesus usou a palavra "céu" para se referir a Deus, usando essa palavra como substituto para o nome do Pai.

Outras vezes, estava fazendo referência ao encontro do céu e da terra no que ele e seus contemporâneos chamavam de vida na era que há de vir.

E ainda – e aqui as coisas se tornam realmente interessantes –, quando Jesus falava de céu, ele estava falando das nossas experiências *eternas, intensas e reais* de alegria, paz e amor nesta vida, nesta era mortal *e* na era que há de vir. Céu, para Jesus, não era apenas "algum dia"; era a realidade presente. Jesus surpreende ao convidar o homem rico e a nós para fundir o céu e a terra, o futuro e o presente, *aqui e agora*.

Vale repetir que "vida eterna" não diz respeito a um padrão de tempo que se inicia quando morremos, mas à qualidade da vida que vivemos agora em conexão com Deus.

A vida eterna não começa quando morremos,
ela começa agora.
Não se trata de uma vida que começa após a morte.
Vida eterna é experimentar *agora* o tipo de vida que pode perdurar e sobreviver à morte.

A vida humana acontece em três dimensões.
Para cima e para baixo.
Para a esquerda e para a direita.
Para a frente e para trás.

No entanto, muitas vezes temos a sensação de que essas três dimensões não são suficientes. Há momentos em que parece haver outras realidades além dessas.

Na vanguarda da ciência, os pesquisadores da teoria das cordas afirmam que podem demonstrar a existência de, pelo menos, onze dimensões. Se o tempo for contado como quarta dimensão, ainda há outras sete que não conhecemos.

Jesus falou sobre uma realidade que chamou de reino de Deus. Ele descreveu uma dimensão difusa do ser – um pouco como o oxigênio para nós ou a água para o peixe – que estava aqui, à nossa mão, agora, à nossa volta e sobre nós.

É como se alguém tentasse tocar piano usando luvas de boxe. A pessoa pode fazer barulho, algumas vezes até acertar as notas com precisão suficiente para extrair uma melodia, mas ela não soa como deveria.

Os elementos estão todos lá – dedos, teclas, cordas, ouvidos –, mas há algo no meio, alguma coisa que inibe a nossa capacidade de compreender a música. O apóstolo Paulo escreve que agora nós vemos "como em um espelho; mas, então, veremos face a face" (1 Coríntios 13).

Agora mesmo estamos tentando abraçar aqueles que amamos, mas estamos envoltos em uma vestimenta de proteção.

Tentamos conversar sobre sentimentos, mas estamos debaixo d'água.

Tentamos sentir os 32 condimentos diferentes presentes no curry, mas nossa boca está cheia de cascalho.

Sim, há muita coisa na Bíblia sobre a era que há de vir, sobre como o nosso corpo renascido e revestido de imortalidade fará o nosso corpo presente – esse em que moramos agora – parecer um acampamento temporário.

E, sim, havia um monte de crenças naquela época sobre o que o futuro traria, assim como nos dias de hoje.

Mas quando Jesus conversa com o homem rico, ele tem uma coisa em mente: levar o homem a experimentar a vida do céu, a vida eterna, a vida "*aion*iana" agora. Para aquele homem, a riqueza era o obstáculo no caminho; para outras pessoas é a preocupação, o estresse, o orgulho, e assim por diante.

Jesus nos convida
nesta vida,
neste mundo partido e belo,
para experimentar a vida do céu agora.
Ele demonstrou que a paz, a alegria e o amor de Deus estão acessíveis a cada um de nós hoje, do jeito que somos.

Portanto, como responder às perguntas sobre o céu?
Como se poderia resumir tudo o que Jesus ensina?

Há o céu agora em algum outro lugar.
Há o céu aqui em algum outro tempo.

E, então, há o convite de Jesus para o céu
aqui
e
agora,
neste momento,
neste lugar.

CAPÍTULO 3

Inferno

PRIMEIRO, O CÉU.

Agora, o inferno.

Muitos anos atrás eu estava me preparando para dar uma palestra em São Francisco, quando me avisaram de que havia manifestantes protestando na calçada em frente ao local do evento. Eles diziam para as pessoas que aguardavam na fila que elas teriam problemas com Deus por quererem me ouvir falar. Um amigo tirou fotos dos manifestantes, e, quando me mostrou, percebi que um deles usava uma jaqueta com as seguintes palavras escritas nas costas: "Mude ou Queime."

Isso resume tudo, não é mesmo? Calor, ira, fogo, tormento, juízo, aflição eterna, angústia sem fim.

Inferno.

Tudo isso faz parte da história, certo?

Confie em Deus, aceite Jesus, confesse, se arrependa, e tudo correrá bem com você. Mas, se não fizer nada disso, a Bíblia é muito clara sobre o que vai acontecer...

Peque, recuse a se arrepender, endureça seu coração, rejeite Jesus, e, quando morrer, estará tudo acabado. Ou, para ser mais exato, a tortura, a aflição e o tormento eterno estarão apenas começando.

É assim que funciona, porque Deus é assim? Deus é amoroso, cuidadoso, cheio de graça e misericórdia desde que haja confissão, arrependimento e salvação nesta vida, pois, do contrário, Deus castigará para sempre. Afinal, este é o enredo cristão, correto?

É isso que Jesus ensina?

Para responder a esta pergunta, vale resgatar todos os versículos da Bíblia em que se encontra a palavra "inferno".

Vamos começar pelos textos hebraicos. Não há uma palavra ou conceito específico para inferno nas escrituras hebraicas, a não ser alguns termos que se referem à morte e à sepultura.

Um deles é a palavra *Sheol*, um lugar sombrio e misterioso para onde as pessoas vão quando morrem, como está registrado no Salmo 18: "As cordas do Sheol me envolveram." Há também uma menção a "sepultura" no Salmo 30, "Senhor, tiraste-me da sepultura", e no Salmo 103, "[o Senhor] resgata a sua vida da sepultura". No Salmo 6 encontramos uma outra expressão que traduz o Sheol: "Entre os mortos, quem te louvará?"

No Antigo Testamento há algumas referências ao mundo dos mortos, como, por exemplo, no Salmo 16: "O meu corpo repousará tranquilo, porque tu não me abandonarás no sepulcro." Porém, até onde podemos compreender, é apenas isso que aparece nas escrituras hebraicas.

Então o que podemos aprender com isso?

Primeiro, há afirmações do poder de Deus sobre toda a vida e a morte, como em 1 Samuel 2, "O Senhor mata e preserva a vida; ele faz descer à sepultura e dela resgata"; e, em Deuteronômio 32, "Não há Deus além de mim. Faço morrer e faço viver".

Há várias declarações sobre a presença e o envolvimento de Deus no que quer que aconteça depois que uma pessoa morre, embora elas sejam, na melhor das hipóteses, ambíguas.

Em uma história sobre Moisés, Deus é identificado como o Deus de "Abraão, Isaque e Jacó". Estes três estavam mortos na ocasião. *Onde* exatamente Abraão, Isaque e Jacó estavam naquele momento não é mencionado, mas é dito a Moisés que ele ainda é o Deus deles. (Êxodo 3)

Mais uma vez, é uma declaração do poder eterno de Deus sobre a vida e a morte, mas diz muito pouco sobre os destinos individuais.

Em segundo lugar, os hebreus usavam as palavras "vida" e "morte" em um sentido diferente do que se emprega hoje. Falamos de vida e morte como estados ou destinos fixos, quando se está vivo ou se está morto. Porém, o que encontramos no Antigo Testamento é um entendimento mais flexível que enxerga a vida e a morte como duas maneiras de se estar vivo.

Quando, em Deuteronômio 30, Moisés desafia os hebreus a escolherem entre a vida e a morte, ele não os está obrigando a decidir se querem ser mortos de imediato; ele está querendo que seu povo escolha o tipo de vida com a qual vão se comprometer. Um tipo de vida está em conexão com Deus e traz cada vez mais paz e completude; o outro está desconectado de Deus e produz desespero e destruição em escala progressiva.

Em seguida, é importante lembrar que os israelitas que escreveram o Antigo Testamento haviam sido oprimidos e escravizados por seus vizinhos egípcios, que construíam pirâmides, ornamentavam sarcófagos e enterravam seus mortos em câmaras repletas de ouro por crerem na vida após a morte. Essas crenças pareciam estranhas aos judeus, que estavam muito mais interessados na ética e na maneira de viver *esta* vida.

Há, em 2 Samuel 12, uma história envolvendo a morte de um filho recém-nascido do rei Davi. Nela, Davi diz que se pudesse trazer a criança de volta à vida, ele iria até onde ela estava. Há também diversas menções no livro de Jó sobre descansar, descer e ser sepultado no pó – todas com referência à morte.

Em resumo, a exposição dos hebreus sobre o que acontece depois da morte não é muito articulada ou definida. Sheol, morte e sepultura, na consciência dos escritores hebreus, são ideias um pouco vagas. Os detalhes sobre quem vai para onde, quando, como, com o quê e por quanto tempo não eram assuntos que realmente os preocupavam.

Agora vamos analisar o Novo Testamento. A palavra "inferno" é citada 12 vezes, quase que exclusivamente por Jesus. A palavra grega traduzida como "inferno" é *Gehenna. Ge* significa "vale", e *henna* significa "Hinom". Geena, o vale de Hinom, era um vale que abrangia as partes sul e oeste da cidade de Jerusalém.

Geena, na época de Jesus, era um depósito de lixo.

O povo despejava seu lixo e seus dejetos nesse vale. Lá havia um fogo que ardia constantemente para consumir o lixo. Insetos e animais disputavam restos de comida nos cantos imundos do aterro. Quando brigavam pelo alimento, os dentes dos animais produziam um rangido sinistro. Geena era um lugar assustador, onde o fogo nunca se apagava.

Geena foi um lugar que se tornou muito conhecido pelos ouvintes de Jesus. Da próxima vez que alguém lhe perguntar se acredita em inferno, você poderá responder: "Sim, eu acredito que o meu lixo vai para algum lugar..."

Tiago usa a palavra grega "Gehenna" uma vez em sua epístola para se referir ao poder da língua, mas, fora esta, todas as menções ao inferno saem da boca de Jesus.

Jesus diz em Mateus 5, "Qualquer que disser: 'Louco!', corre o risco de ir para o fogo do inferno" e "É melhor perder uma parte do seu corpo do que ir todo ele para o inferno". Em Mateus 10, ele diz "Tenham medo daquele que pode destruir tanto a alma como o corpo no inferno" e repete algo parecido em Lucas 12. Em Mateus 18 e Marcos 9, diz: "É melhor entrar na vida com um só olho do que, tendo os dois olhos, ser lançado no fogo do inferno."

Em Mateus 23, Jesus diz a vários líderes religiosos da seita dos fariseus que eles percorrem terra e mar para fazer um convertido e, quando conseguem, o tornam "duas vezes mais filho do inferno" do que eles, e então lhes pergunta: "Como vocês escaparão da condenação ao inferno?"

Geena,
a cidade do lixo.

É isso aí.
Estas são as vezes em que o "inferno" é mencionado na Bíblia.

Há outras duas palavras que, de vez em quando, querem dizer alguma coisa semelhante ao que entendemos como inferno. Uma é a palavra "Tártaro", encontrada uma vez em 2 Pedro 2 (na versão da Bíblia de Jerusalém). É um termo que Pedro foi buscar na mitologia grega e que se refere às regiões inferiores, o lugar onde os semideuses eram julgados no "abismo".

A outra palavra é "Hades".

Nebuloso, escuro e sinistro, o Hades é basicamente a versão grega da palavra hebraica *Sheol*. Encontramos o termo "Hades" nos capítulos 1, 6 e 20 do livro do Apocalipse, e em algumas versões da Bíblia em Atos 2. Jesus também usa esta palavra em Mateus 11 e Lucas 10: "Você descerá até o Hades." Em Mateus 16, referindo-se à sua igreja, diz: "As portas do Hades não poderão vencê-la." E, por fim, em Lucas 16, na parábola do milionário que despreza o mendigo Lázaro.

E é só.
Qualquer coisa que fale a respeito de "inferno" na Bíblia vem obrigatoriamente destes versículos mencionados.

Para muitos, no mundo moderno, a ideia de inferno é remanescente da religião mítica primitiva que usava o medo e o castigo para, por razões escusas, controlar as pessoas. Mas nós já ultrapassamos todo aquele modelo antigo de crença, certo?

Confesso que tenho muita dificuldade de acreditar que em algum lugar no centro da terra mora uma figura caricata, de calças vermelhas, empunhando um tridente, ouvindo Pink Floyd e lendo textos de ocultismo.

Então, como devemos pensar
– ou não pensar –
sobre o inferno?

Quando cheguei a Kigali, em Ruanda, em dezembro de 2002, pouco depois de deixar o aeroporto, vi uma criança de cerca de 10 ou 11 anos sem uma das mãos, perambulando à beira da estrada. Depois vi outra criança, na rua, sem uma perna. E logo outra, em uma cadeira de rodas. Mãos, braços, pernas – devo ter visto mais de 50 jovens mutilados durante o trajeto entre o aeroporto e o hotel. Meu guia africano explicou que, durante o genocídio, uma das formas mais usadas para rebaixar e humilhar o inimigo era decepar um braço ou uma perna de seus filhos com um facão, para que muitos anos depois as pessoas ainda se lembrassem do castigo.

Se eu acredito em um inferno literal?
É claro.
Aquelas não eram mutilações metafóricas de braços e pernas.

Você já ouviu alguma vez uma mulher contar qual a sensação de ser estuprada?

Como descrever o horror de ouvir um menino de 5 anos, cujo pai acaba de se suicidar, perguntar: “Quando papai vai voltar pra casa?”

Como descrever a aparência inigualável, o olhar vazio e destroçado que encontramos nos olhos de um viciado em crack?

Eu já vi o que acontece quando as pessoas abandonam tudo que é bom, correto, amoroso e humano.

Certa vez, participei como pastor do funeral de um homem que eu não conhecia. Quando os filhos me chamaram para ministrar no velório de seu pai, eles alertaram que eu estaria entrando *numa fria* ao aceitar.

O homem era cruel e maligno com todos à sua volta. Ninguém tinha alguma coisa positiva a dizer sobre ele. A função do pastor, nessas ocasiões, é ajudar a familia e os amigos a honrarem o morto apropriadamente. Mas aquele homem tornou a minha tarefa bem difícil.

De repente entendi o que seus filhos estavam querendo dizer com o alerta. Quando o homem percebeu que estava à beira da morte, reescreveu seu testamento, retirando dos parentes mais próximos coisas que eles esperavam herdar e deixando para outros membros da família algo que ele sabia que não iria lhes agradar. Como ele mudara a distribuição do espólio na última hora, no dia do seu sepultamento havia dor e raiva. O homem quis ter certeza de que causaria infelicidade nesta vida, mesmo depois de deixá-la.

Contei essa história para que você entenda por que é imprescindível reconhecer que amor, graça e humanidade podem ser rejeitados. Da mais sincera lágrima ao maior abuso contra outro ser humano, somos livres para fazer o que quisermos.

Deus dá o que cada pessoa quer.
Se ela quer o inferno, terá o inferno.

O ser humano tem esse tipo de liberdade, esse tipo de escolha.
Nós somos livres assim.
Podemos usar o facão.

Portanto, quando alguém diz que não acredita em inferno e que não gosta da palavra "pecado", minha primeira reação é perguntar: Você já sentou para conversar com uma família que acabou de descobrir que a filha foi abusada sexualmente? Durante anos? E por um parente?

Algumas palavras são fortes por determinada razão. Elas precisam mesmo ser bastante pesadas, contundentes e chocantes para que possam refletir a realidade do que transmitem.

É isso que encontramos nos ensinamentos de Jesus sobre o inferno – uma mistura de imagens, cenas e metáforas que descrevem as experiências e consequências de rejeitarmos a bondade e a humanidade dadas por Deus. Algo que somos livres para fazer, a qualquer hora, em qualquer lugar, com qualquer pessoa.

Muitas vezes Jesus usa a hipérbole, dizendo às pessoas para arrancarem seus olhos e mutilarem a si mesmas para não cometerem certos pecados. Isso tudo pode soar exagerado, levando-nos a perguntar onde Jesus queria chegar. Pode soar também como uma proposta violenta.

Mas quando conversamos com uma mulher que acaba de descobrir que foi enganada durante anos pelo marido e pensamos no que vai acontecer com esse casamento, com os filhos, com as finanças, com as amizades e com o futuro dessas pessoas, e enxergamos a dor que vai emanar das escolhas desse único homem, nesse momento achamos que as advertências de Jesus não parecem tão exageradas ou drásticas; elas parecem perfeitamente adequadas.

Arrancar os olhos podia ter sido, na verdade, uma escolha melhor.

Algumas desgraças exigem uma linguagem de baixo calão.

Algumas devastações levam a pensar no fogo.

Algumas traições dão a sensação de estarmos sendo queimados.

Algumas injustiças fazem as coisas esquentarem.

Mas não são apenas as imagens chocantes que chamam a atenção nos ensinamentos de Jesus sobre o inferno; é a natureza surreal das histórias que ele conta.

Em Lucas 16, Jesus conta a história de um milionário que ignorava um mendigo chamado Lázaro, que costumava ficar sentado do lado de fora de seus portões. Um dia, ambos morreram e o milionário vai para o Hades, enquanto Lázaro é levado pelos anjos para "junto de Abraão", que era uma das maneiras como os judeus representavam o que chamavam de céu.

O rico, então, pede a Abraão que faça Lázaro refrescar sua língua com água, porque estava "sofrendo muito neste fogo".

As pessoas no inferno podem se comunicar com as que estão em paz? O rico que está no fogo consegue falar? Ele está vivo?

Abraão lhe diz que não é possível Lázaro saciá-lo com a água. O rico, então, pede que Lázaro seja enviado à terra para avisar sua família sobre o que a espera no futuro. Abraão afirma que isso não é necessário, pois os familiares dele já foram avisados por meio dos textos sagrados. O homem continua a insistir, argumentando que se alguém dentre os mortos fosse até eles, mudariam seu comportamento e, consequentemente, seu destino. E Abraão replica: "Se não ouvem a Moisés e aos Profetas, tampouco se deixarão convencer, ainda que ressuscite alguém dentre os mortos."

Essa é a história.

A parábola termina com uma referência à ressurreição, um evento que iria acontecer muito em breve com o próprio Jesus. Esse dado é fundamental para o entendimento da história, porque ela fala sobre os ouvintes de Jesus naquele momento. A história, para eles, se transporta do *depois* para o *agora.* Qualquer que tenha sido o significado dela para os primeiros ouvintes de Cristo, a parábola estava diretamente relacionada ao que Jesus estava fazendo no meio deles.

Observe o que aquele homem que está no inferno quer: que Lázaro lhe dê água. Quando você dá água a alguém, está servindo a esta pessoa.

O homem rico quer que Lázaro lhe sirva.

Na vida antes da morte, o rico se considerava melhor do que Lázaro, e agora, no inferno, ele *ainda* se vê como estando acima de Lázaro. Não é de admirar que Abraão tenha dito que há um grande precipício que não pode ser atravessado. O precipício está no coração do homem rico! Ele não mudou, apesar da morte, do tormento e da agonia. Ele ainda está ligado à velha hierarquia. Ele ainda se julga melhor.

O evangelho que Jesus espalhou e que foi registrado no livro de Lucas tem como uma de suas mensagens principais o fato de que Cristo veio trazer uma revolução social, quebrando os antigos sistemas e hierarquias. Deus está fazendo uma nova obra por intermédio de Jesus, chamando todas as pessoas para a solidariedade. Todos somos irmãos e irmãs. Filhos e filhas de Deus, iguais, sem qualquer favoritismo.

Rejeitar essa nova ordem social é rejeitar Jesus, o projeto genuíno de Deus em carne e sangue.

A história sobre Lázaro e o homem rico foi um alerta para a plateia de Jesus, particularmente para os líderes religiosos que estavam presentes, pois fez com que as pessoas repensassem a maneira como viam o mundo, agora que sabiam que ignorar os Lázaros do lado de fora dos seus portões traria sérias consequências. Desprezar os Lázaros é desprezar a Deus.

Que história brilhante, pungente, subversiva, pesada e surreal. Ainda tem mais.

Jesus ensina que o evangelho diz respeito a um tipo de morte que leva à vida. Ele é um modelo, uma verdade, uma realidade onde se perde a própria vida para achá-la depois. Jesus mostra que o milionário da parábola ainda não tinha compreendido isso. Ele ainda estava preso ao seu ego, ao seu status, à sua vaidade – era incapaz de morrer para o mundo que construiu em vida, onde Lázaro está lá embaixo e ele, lá em cima, o mundo no qual os *Lázaros* lhe *servem*.

Ele está morto, porém não morreu.

Ele está no Hades, porém ainda não *morreu* o tipo de morte que, na verdade, leva à vida.

Ele está vivo na morte, mas em tormento profundo, porque não morreu suficientemente para o tipo de morte que conduz ao tipo de vida que vale a pena ser vivida.

Como transmitir uma verdade que é complexa e multifacetada? Jesus optou por contar uma história impactante e sutil sobre um homem rico e um homem pobre, emoldurada por detalhes como cães lambendo as feridas do mendigo, até que acontece uma mudança radical após a morte dos dois, e o rico, que está no inferno, consegue conversar com Abraão, o pai da fé. E no final há uma guinada para falar de ressurreição, que é uma pista sobre algo que está para acontecer na vida real, pouco depois da parábola ser contada.

Brilhante, simplesmente brilhante.

O enredo gira em torno do coração do homem rico, que é uma isca para a plateia. Jesus mostra o coração do homem rico porque quer que seus ouvintes sondem seus próprios corações. É uma história sobre um indivíduo, mas de que maneira a escuridão do coração daquele indivíduo se revela?

Ele não ama o seu próximo.

Para ser mais preciso, ele ignora o seu próximo, que passa todos os dias no seu portão mendigando comida, coisa que ele tem de sobra.

Essa é uma história sobre o pecado individual, mas esse pecado individual leva diretamente ao sofrimento em nível social. Se muitos homens ricos tratam os Lázaros dessa mesma maneira, isso poderia aumentar ainda mais a distância entre o rico e o pobre.

Imagine.

Algumas pessoas ficam preocupadas principalmente com as manifestações sistemáticas do mal – nas empresas, nas nações e nas instituições que escravizam o povo, espoliam a terra e não respeitam os direitos dos mais fracos. Outras pessoas estão mais concentradas nos pecados individuais, colocando seu foco na moralidade e nos padrões, hábitos e vícios que impedem o crescimento individual e provocam o sofrimento.

Algumas pessoas distribuem folhetos que explicam como ficar em paz com Deus; outras trabalham em campos de refugiados em zonas de guerra; outras ainda apresentam programas de rádio nos quais discutem as diversas interpretações de versículos específicos da Bíblia; e há também aquelas que trabalham para livrar mulheres e crianças da prostituição.

Em geral, como já mencionei anteriormente, as pessoas mais preocupadas com o fato de os outros irem para o inferno são as menos preocupadas com o inferno na terra aqui e agora, enquanto as mais preocupadas com o inferno na terra parecem se preocupar menos com o inferno após a morte.

A história sobre Lázaro e o homem rico demonstra que há uma variedade de infernos, porque há diversas maneiras de resistir e rejeitar o que é bom, verdadeiro, bonito e humano, agora, nesta vida, o que nos faz presumir que podemos fazer o mesmo na próxima.

Existem infernos individuais e sociais,
infernos de abrangência mundial,
e Jesus nos ensina a levar todos eles a sério.

Há um inferno agora,
e haverá um inferno depois,
e Jesus nos ensina a levar ambos a sério.

O que dizer das passagens bíblicas que não mencionam especificamente a palavra "inferno", mas falam claramente sobre julgamento e castigo?

Em primeiro lugar, vou dar uma resposta política, depois uma resposta religiosa e, em seguida, lançar um olhar sobre algumas dessas passagens.

Jesus vivia em um ambiente político extremamente instável. Israel havia sido conquistado pelo império romano. Os soldados romanos estavam por toda parte, patrulhando as estradas, montando guarda no templo de Jerusalém, lembrando a todos de sua conquista e poder. Alguns contemporâneos de Jesus acreditavam que a única reação adequada era erguer as espadas e partir para a guerra.

Muitos dos seguidores de Jesus imaginavam que ele, de alguma forma, se tornaria um dos líderes que expulsariam os romanos de sua terra. Mas Jesus não se interessou em desempenhar esse papel. Ele estava tentando levar Israel de volta para suas raízes, para o seu chamado divino de ser a luz deste mundo, mostrando às nações como era o amor libertador de Deus. E Jesus tinha certeza de que esse amor não empunhava espadas. Reagir à violência com mais violência, para Jesus, não era o caminho escolhido por Deus. Cristo é visto convocando as pessoas para exercerem seus papéis no mundo de um modo inteiramente novo. Como ele diz em Mateus 26: "Os que empunham a espada, pela espada morrerão."

E ele é visto indo para Jerusalém montado em um jumento e chorando, porque percebe que seu povo não entendeu nada. Seus conterrâneos são incapazes de perceber o que a insistência na guerra irá lhes custar. Jesus alerta os israelitas sobre a tragédia que terão que passar caso tentem enfrentar Roma.

Os romanos, ele dizia, esmagarão vocês.

O trágico em tudo isso é que as suas previsões se confirmaram. No grande levante que começou no ano 66, os judeus pegaram em armas contra o exército romano, mas foram sumariamente esmagados e tiveram seus templos transformados em escombros.

Com base neste espisódio, é importante não tirarmos do contexto os alertas de Jesus sobre o julgamento futuro, interpretando-os como se fossem para algum dia em algum outro lugar. Não era sobre isso que ele estava falando.

Agora, uma resposta religiosa que começa com uma pergunta: Com quem Jesus está falando? Nos evangelhos e nas histórias sobre seus feitos, a quem Jesus se dirige na maioria das vezes?

A não ser em seus diálogos com um centurião romano e com uma mulher junto ao poço de Samaria, além de alguns outros, ele está falando com os religiosos judeus, com as pessoas que se veem como o povo de Deus. Sua plateia era composta de gente que estava "dentro". Crentes, redimidos, consagrados, apaixonados, absolutamente seguros de que eram os escolhidos.

Muita gente no mundo de hoje só ouviu falar do inferno como o lugar reservado para aqueles que "estão fora", que não creem, que não frequentam a igreja. Cristãos falam que os não cristãos vão para o inferno porque... não são cristãos. Porque são pessoas que não acreditam nas coisas certas.

No entanto, ao lermos todas as passagens em que Jesus usa a palavra "inferno", percebemos que o que importa não é se as pessoas creem nas coisas certas ou erradas. Ele quase nunca falava sobre "crenças" como nós as entendemos – ele falava sobre ódio, egoísmo, cobiça e indiferença. Falava sobre o estado do coração de seus ouvintes, sobre como eles se comportam, como interagem uns com os outros e o tipo de influência que exercem no mundo.

Jesus não usou o inferno para tentar convencer "gentios" e pagãos a acreditarem em Deus com o intuito de não arderem no fogo eterno quando morressem. Ele falou sobre o inferno para pessoas religiosas, com o objetivo de alertá-las sobre as consequências de se desviarem do chamado de Deus.

Isso não quer dizer que a possibilidade do inferno não seja um alerta incisivo e urgente ou que ele não esteja intimamente ligado àquilo que se crê, mas trata-se simplesmente de uma maneira que Jesus encontrou para advertir as pessoas que se julgavam escolhidas de que seus corações duros poderiam pôr em risco sua salvação. Ele as estava lembrando que sua salvação estava condicionada ao fato de serem pessoas generosas e amorosas *por meio de quem* Deus poderia mostrar ao mundo como o Seu amor se expressa em carne e sangue.

Agora vamos examinar as passagens que parecem estar falando do inferno, mas não o mencionam especificamente. Comecemos com a história de Sodoma e Gomorra, uma representação emblemática da pecaminosidade extrema. Em Gênesis 19 está registrado que a cidade de Sodoma estava de tal forma depravada, e "as acusações feitas ao Senhor contra este povo são tantas", que ele mandaria do céu fogo e enxofre para destruir "aquelas cidades e toda a planície, com todos os habitantes das cidades e a vegetação".

"Na manhã seguinte, Abraão se levantou e [...] olhou para Sodoma e Gomorra [...] e viu uma densa fumaça subindo da terra, como fumaça de uma fornalha."

E por milhares de anos, as palavras "Sodoma e Gomorra" têm servido como um alerta, como um sinal fatídico do que acontece quando Deus decide julgar rápida e irrevogavelmente.

Mas isso não é só o que se lê na Bíblia sobre Sodoma e Gomorra.

O profeta Ezequiel teve uma série de visões nas quais Deus lhe mostrava o que estava por vir, incluindo a promessa de que Ele "restaurará a sorte de Sodoma e das suas filhas" e elas "voltarão para o que elas eram antes" (capítulo 16).

Restaurar a sorte de Sodoma?

A história não estava terminada para Sodoma e Gomorra?

O que parecia ser o veredicto final sobre o destino das duas cidades... não era?

O que parecia estar acabado... não estava?

Ezequiel diz que onde havia destruição haveria restauração.

Mas ainda não é a última coisa que se lê sobre essas duas cidades.

Quando Jesus viajou de povoado em povoado pela região da Galileia, convidando as pessoas para enxergarem as coisas por um ângulo inteiramente novo, ele enfrentou grande resistência, sobretudo entre os mais religiosos e devotos. Em Mateus 10, ele alerta os habitantes de Cafarnaum de que "no dia do juízo haverá menor rigor para Sodoma e Gomorra do que para aquela cidade".

Menor rigor para Sodoma e Gomorra?

Então aquelas pessoas religiosas, consagradas e piedosas estarão em pior posição do que o povo de Sodoma e Gomorra no dia do juízo?

Ainda há esperança?

E se ainda há esperança para Sodoma e Gomorra, o que isso significa para todas as outras Sodomas e Gomorras?

Essa história, a única sobre Sodoma e Gomorra, não é a única passagem da Bíblia em que encontramos esse movimento da condenação para a restauração, do castigo para a nova vida.

Em Jeremias 32, Deus diz: "Certamente eu os reunirei de todas as terras para onde os dispersei na minha ardente ira e no meu grande furor; e os trarei de volta a este lugar e permitirei que vivam em segurança."

Israel havia sido exilado, expulso e "banido" para uma terra estranha, como consequência da "ardente ira e grande furor" de Deus. Isso aconteceu para dar uma lição ao povo, corrigi-lo e gerar algo novo nele.

Em Jeremias 5, o profeta diz para Deus: "De nada adiantou castigar o seu povo, eles não aceitaram a correção." De acordo com o profeta, este foi o motivo do castigo: produzir correção.

Segundo os profetas,
Deus esmaga,
purifica,
testa,
corrige,
disciplina
e repreende
– mas sempre com um propósito.

Não importa quanto a situação possa ser dolorosa, letal ou opressiva, não importa quanto as pessoas se distanciem por seus pecados, indiferenças e rejeições – haverá sempre a garantia de que não será assim *para sempre.*

Em Lamentações 3, o poeta declara: "Porque o Senhor não o desprezará para sempre. Embora ele traga tristeza, mostrará compaixão, tão grande é o seu amor infalível."

Deus diz em Oseias 14: "Eu curarei a infidelidade deles e os amarei de todo o meu coração, pois a minha ira desviou-se deles."

Sofonias diz, no capítulo 3:
"Deus se regozijará em você; com o seu amor o renovará,
ele se regozijará em você com brados de alegria."

É o fim do ódio, do castigo, da repreensão e da purificação –
e tempo de
cura,
reconciliação
e retorno.

Deus promete, em Isaías 57: "Eu o guiarei e tornarei a dar-lhe consolo."

Em Amós 9: "Levantarei a tenda caída de Davi."

Em Naum 2: "O Senhor restaurará o esplendor de Jacó."

Em Sofonias 2: "Eu darei a vocês honra e louvor entre todos os povos da terra, quando eu restaurar a sua sorte diante dos seus próprios olhos."

Em Zacarias 9: "Hoje mesmo anuncio que restaurarei tudo em dobro para vocês."

Em Zacarias 10: "Eu os restaurarei porque tenho compaixão deles."

Em Miqueias 7: "De novo terás compaixão de nós; pisarás as nossas maldades e atirarás todos os nossos pecados nas profundezas do mar."

Há muitos versículos bíblicos que seguem essa mesma linha, mas reuni estes poucos apenas para mostrar como o tema da restauração é predominante nos textos dos profetas hebreus. Vemos pecados sendo pisados, iniquidades sendo afogadas nas profundezas do mar. Deus sempre tem uma intenção.

Cura.

Redenção.

Amor.

Trazer as pessoas de volta para casa e se regozijar nelas com brados de alegria.

Os profetas são rápidos em assinalar que isso não é uma coisa somente para o "povo de Deus", os "escolhidos", os "eleitos".

Em Isaías 19, o profeta anuncia que "Naquele dia, haverá um altar dedicado ao Senhor no centro do Egito e, em sua fronteira, um monumento ao Senhor."

Qual o significado do Egito aqui?

O Egito era inimigo de Israel.
Odiado.
Desprezado.

Um altar no coração do Egito?
Altar era onde as pessoas prestavam culto.
Eles prestariam culto a Deus no... *Egito*?

Mais uma vez, as coisas não são o que parecem ser. O povo que estava em oposição a Deus irá adorar a Deus, os distantes serão trazidos para perto e os que estavam condenados serão restaurados.

O que a Bíblia mostra com muita insistência é que
o fracasso não é definitivo,
que o julgamento tem um alvo
e visa à correção.

Com isso em mente, vários trechos estranhos do Novo Testamento começam a fazer sentido. Na primeira carta de Paulo a Timóteo, ele menciona Himeneu e Alexandre, os quais ele "entregou a Satanás, para que aprendam a não blasfemar".

Hoje eu percebo que, no momento em que Paulo menciona Satanás, as coisas ficam realmente confusas.

Apesar das perguntas que esse trecho suscita, o que *está* claro é o fato de Paulo ter grande confiança de que esse ato será para o bem de Himeneu e Alexandre, por mais incompreensível que pareça. Ele acredita que alguma lição será ensinada aos dois homens, que aprenderão com a dura experiência. Eles crescerão e se tornarão pessoas melhores.

De acordo com Paulo, Satanás é usado por Deus para servir aos Seus propósitos transformadores. Independentemente do que seja a criatura que ele chama de "Satanás", alguma coisa redentora e renovadora irá acontecer quando Himeneu e Alexandre forem "entregues".

Esse não é o único episódio da confiança que Paulo deposita no juízo severo como instrumento de redenção de Deus. Paulo dá uma instrução similar em sua primeira carta aos Coríntios, dizendo aos seus amigos que entreguem um certo homem "a Satanás, para que o corpo seja destruído e seu espírito seja salvo no dia do Senhor" (capítulo 5).

Como isso funciona?

Paulo crê que, ao entregar o homem a Satanás, conseguirá pôr um fim na sua "natureza pecadora". É como se Paulo estivesse dizendo: "Nós tentamos de tudo para ajudá-lo e não funcionou, então liberem-no para sofrer as consequências completas de seus atos."

Quando as pessoas insistem em um comportamento destrutivo e não se convencem de que é preciso mudar, costuma-se dizer que elas estão com "vocação para o inferno". Estão obcecadas, com ideia fixa, inabaláveis. O mais desconcertante nisso tudo é que quando Deus libera os israelitas para seguirem "dando cabeçadas" por onde vão e quando Paulo "entrega" as pessoas é sempre para o bem. O objetivo desse gesto é permitir que as pessoas experimentem as consequências de suas escolhas, confiando que a miséria com que elas vão se defrontar despertará a sua consciência para o grande problema.

Paulo está convencido de que assim os malfeitores se tornarão benfeitores.

Nós vemos essa mesma tendência na história que Jesus conta em Mateus 25 sobre nações sendo separadas como um pastor separa as ovelhas dos bodes. Um grupo será enviado para o Reino de Deus e o outro, para o fogo eterno.

Aqueles que não "deram de comer" a Jesus quando Ele teve fome, são mandados para um *aion* de *kolazo.* Já vimos que *aion* tem vários significados. Um deles é "era" ou "período de tempo"; outro se refere à intensidade da experiência. A palavra *kolazo* vem de práticas agrícolas. Ela se refere à poda e ao corte dos galhos de uma árvore ou planta para que ela floresça.

Um *aion* de *kolazo.* Dependendo de como se traduz *aion* e *kolazo,* a frase pode significar "período de poda" ou "tempo de corte", ou ainda "uma experiência intensa de correção e disciplina".

Em algumas versões da Bíblia, a expressão "*aion* de *kolazo*" é traduzida como "castigo eterno", que muita gente entende como um "castigo para sempre", que nunca terá fim.

No entanto, “para sempre” não é um conceito usado pelos autores bíblicos.

O mais próximo que eles chegam desse termo é a palavra *olam*, que pode ser traduzida como “ao ponto de fuga”, “na longa distância”, “um longo tempo”, “longa duração”, ou “aquilo que está no horizonte ou além do horizonte”.

Quando *olam* se refere a Deus, como no Salmo 90 (“de eternidade a eternidade tu és Deus”), esse termo está mais perto da expressão “para sempre” como nós a entendemos. Porém, em outras passagens, quando *olam* não está fazendo referência a Deus, essa palavra tem outros significados, como quando Jonas ora a Deus, que o deixou no ventre de um grande peixe “para sempre” (*olam*) e, então, três dias depois, o tirou de lá.

Olam, neste caso,
passa a ser três dias.

Olam é uma palavra flexível e versátil,
que se refere, na maioria das vezes, a um determinado período de tempo.

Assim, quando lemos “castigo eterno”, é importante que não procuremos sentidos inexistentes. Jesus não está falando de um castigo “para sempre”. Ele pode estar se referindo a alguma outra coisa que tenha implicações para a nossa compreensão do que acontece depois da morte.

Resumindo: é preciso uma palavra densa, complexa, pesada e contundente para descrever as reais consequências que uma pessoa experimenta quando rejeita a vida que Deus lhe oferece. É necessário que essa palavra faça referência ao grande, extenso e terrível mal que advém dos segredos escondidos no coração e que provoca o caos social quando um ser humano escolhe não viver segundo a Palavra de Deus.

E, para isso,
a palavra "inferno" se aplica muito bem.
Portanto, vamos mantê-la.

CAPÍTULO 4

Deus consegue o que deseja?

Nos sites de algumas igrejas há uma seção onde são publicados comentários dos fiéis a respeito daquilo em que eles acreditam. Geralmente encontramos afirmações sobre a Bíblia, sobre Deus, Jesus, Espírito Santo, salvação, crentes e não crentes, e daí por diante.

Este trecho foi extraído do site de uma determinada igreja: "Os não salvos estarão separados de Deus para sempre no inferno."

Este veio de outro site religioso: "Aqueles que não creem em Jesus serão mandados para o castigo eterno no inferno."

E há ainda este: "Os que morrerem sem salvação serão condenados a um castigo consciente eterno."

Portanto, na primeira afirmação, os "não salvos" não estarão com Deus.

Na segunda, não apenas eles não estarão com Deus, mas serão mandados a algum lugar para serem castigados.

E no terceiro caso, somos informados de que não apenas estes "não salvos" serão castigados para sempre, como também estarão plenamente conscientes disso.

As pessoas condenadas a essa separação e punição irão sentir tudo porque estarão plenamente conscientes disso, estarão sempre despertas, como se o castigo jamais diminuísse, afrouxasse ou cedesse por bilhões e bilhões de anos.

Tudo isso
sendo afirmado como verdade em um site.
Bem-vindos à nossa igreja!

Porém, nesses mesmos sites há longas divagações sobre a bondade e a grandeza de Deus, proclamações e declarações de fé a respeito de um Deus que é
"forte",
"poderoso",
"amoroso",
"imutável",
"soberano",
"cheio de graça e misericórdia"
e "onisciente".

Este Deus é o mesmo que criou
"o mundo e tudo o que nele há".

Este é o Deus para quem
"tudo é possível".

Eu questiono:
Que Deus forte e poderoso está "no controle"

e que bilhões de pessoas ficarão para sempre longe deste Deus,
que é o seu criador,
apesar de a Bíblia afirmar que Deus "deseja que todos os homens sejam salvos e cheguem ao conhecimento da verdade"?
(1 Timóteo 2)

Então Deus consegue o que deseja?

Quanto Ele é realmente grande?
Será grande o bastante para fazer o que diz que quer fazer,
ou quase grande,
meio grande,
grande na maioria das vezes,
mas quando se trata do destino de bilhões de pessoas,
não grande o suficiente?

De acordo com a epístola aos Hebreus, Deus quis "mostrar de forma bem clara a natureza imutável do seu propósito" (capítulo 6).

Deus tem um propósito, e Sua intenção é comunicá-lo a todos com a máxima clareza.

Todas as pessoas serão salvas
ou Deus não conseguirá o que deseja?

Será que este Deus magnífico, forte e maravilhoso *fracassa* no final?

De acordo com a Bíblia, as pessoas estão indissoluvelmente entrelaçadas com Deus. Como está escrito no Salmo 24: "Do Senhor é a terra e tudo o que nela existe, o mundo e os que nele vivem."

O profeta Isaías, no capítulo 45 de seu livro, diz que Deus "não criou [a terra] para estar vazia, mas a formou para ser habitada".

Paulo diz em Atos 17 que em Deus nós "vivemos, nos movemos e existimos", e ele mesmo escreve em Romanos 11: "Dele, por ele e para ele são todas as coisas."

O profeta Malaquias pergunta: "Não temos todos o mesmo Pai? Não fomos todos criados pelo mesmo Deus?" (Capítulo 2.) Paulo diz, novamente em Atos 17: "Somos descendência de Deus." E escreve em Efésios 3: "Ajoelho-me diante do Pai, do qual recebe o nome toda a família nos céus e na terra."

Os autores bíblicos afirmam categoricamente que todos nós fazemos parte de uma mesma família. O que nós temos em comum – independentemente de nossa tribo, língua, costumes, crenças ou religião – supera nossas diferenças. Essa é a razão por que Deus deseja que "todos sejam salvos". A história da Bíblia é sobre o amor de um pai por seus filhos, um tipo de amor que busca, acolhe, cria, une e se relaciona. Um tipo de amor que aproxima, abraça e sempre trabalha pela reconciliação, seja qual for o preço.

Há muitas passagens que falam sobre esse amor: No Salmo 65 está escrito que a Deus "virão todos os homens". Em Ezequiel 36, Deus diz que "as nações saberão que eu sou o Senhor".

O profeta Isaías escreve que "todos os confins da terra verão a salvação de nosso Deus" (capítulo 52).

Sofonias fala por Deus ao dizer: "Então purificarei os lábios dos povos, para que todos eles invoquem o nome do Senhor e o sirvam de comum acordo" (capítulo 3).

E Paulo escreve em Filipenses 2: "... que ao nome de Jesus se dobre todo joelho, nos céus, na terra e debaixo da terra, e toda língua confesse que Jesus Cristo é o Senhor, para a glória de Deus Pai."

Todos os povos.
As nações.
Todas as pessoas, todo joelho e toda língua.

O Salmo 22 ecoa essas promessas: "Todos os confins da terra se lembrarão e se voltarão para o Senhor, e todas as famílias das nações se prostrarão diante dele."

Mas isso faz supor inúmeros detalhes:

"Todos os ricos da terra se banquetearão e o adorarão;
todos os que descem ao pó se ajoelharão diante dele."

Portanto, todos que morrem se ajoelharão diante de Deus e "as futuras gerações conhecerão o Senhor. Elas proclamarão a sua justiça, declarando para um povo ainda não nascido: Ele fez isso!"

A afirmação de que Deus estará reunido e reconciliado com todos os povos é um tema recorrente nos escritos dos profetas hebreus. Eles são muito específicos em suas convicções a respeito de quem é Deus e do que Ele está fazendo no mundo.

No livro de Jó encontramos a pergunta: "Quem poderá fazer-lhe oposição? Ele faz o que quer" (capítulo 23). E no capítulo 42 isso é confirmado quando Jó diz a Deus: "Sei que podes fazer todas as coisas; nenhum dos teus planos pode ser frustrado" (capítulo 42).

Por meio de Isaías, Deus diz: "Meu propósito permanecerá em pé, e farei tudo o que me agrada." Isaías então afirma: "O braço do Senhor não está tão encolhido que não possa salvar." Já Jeremias conversa com Deus e diz que "Nada é difícil demais para ti" (Isaías 46; 59 e Jeremias 32).

No Salmo 145, Deus "é bom para todos; a sua compaixão alcança todas as suas criaturas".

No Salmo 30, a ira de Deus "só dura um instante, mas o seu favor dura a vida toda".

Mais adiante, no Salmo 145, Deus "é misericordioso e compassivo, paciente e transbordante de amor".

Na Bíblia, portanto, Deus não é incapaz,
não é fraco,
e não é impotente.

Paulo escreve aos Filipenses que "é Deus quem efetua em vocês tanto o querer quanto o realizar, de acordo com a boa vontade dele" (capítulo 2).

Mais uma vez, Deus tem um propósito, um desejo, e nunca cessa de trabalhar para alcançá-lo. Em Lucas 15, Jesus conta três parábolas: a de uma mulher que perde uma moeda, a de um pastor que perde uma ovelha e a de um pai que perde um filho. As histórias, no entanto, não são sobre coisas perdidas; são sobre coisas encontradas. O Deus sobre quem Jesus nos ensina não desiste até que tudo o que foi perdido seja encontrado. Ele simplesmente não desiste. Nunca.

Vamos retornar agora aos sites das igrejas, aqueles que declaram que, no fim de tudo, bilhões de pessoas passarão a eternidade longe de Deus, enquanto outras estarão no céu, com ele, para sempre.

Isso não é trágico?

Será que Deus se deu ao trabalho de criar bilhões de pessoas apenas para passar a eternidade em castigo eterno e tormento consciente, sofrendo infinitamente pelos pecados que cometeram durante os poucos anos que passaram na terra?

O nosso futuro é incerto, ou Deus cuidará de nós?
Será que estamos seguros?
Ou estamos entregues à nossa própria sorte?
Deus é mesmo nosso amigo, nosso provedor, nosso protetor, nosso pai, ou é um juiz que pode decretar que merecemos ficar para sempre separados Dele?

Será que Deus é como mulheres que ficam procurando uma moeda perdida até encontrá-la,
como pastores que não descansam até que uma ovelha perdida seja trazida de volta,
como pais que correm para receber e abraçar seus filhos que voltam para casa,
ou Ele desiste antes que isso aconteça?

Todos participarão do banquete, como está prometido no Salmo 22, ou apenas uns poucos?

Todos receberão um coração novo, ou só um número limitado de pessoas?

Será que Deus vai dizer "Bem, eu tentei, fiz o melhor que pude, mas às vezes é preciso aceitar o fracasso"? Será que ele vai dar de ombros e simplesmente dizer "Não se pode conseguir sempre o que se quer"?

Agora, algumas respostas.

Para algumas pessoas – como aquelas que escrevem nos sites das igrejas, como os citados no início deste capítulo –, tudo é muito simples. Elas pensam: "Nós temos a vida inteira para escolher entre o céu e o inferno, mas, quando morremos, acabou! É um ou outro para sempre."

Para elas, Deus não consegue o que quer porque alguns mudam, se arrependem e se convertem, mas outros não fazem nada disso. Para justificar esse ponto de vista, elas afirmam que amor é liberdade e que, para que seja realmente amor, tem que haver a opção de não amar; de escolher o outro lado; de rejeitar o amor oferecido. De dizer não.

Embora Deus seja forte e poderoso, quando se trata do coração humano Ele precisa usar as mesmas regras que nós. Deus tem que respeitar a nossa liberdade de escolha até o fim, mesmo que coloquemos em risco o nosso relacionamento. Se em algum momento desse processo Deus ignorar, desprezar ou sequestrar o coração humano, roubando a nossa liberdade de escolha, então terá violado a essência mais fundamental do amor.

A questão que emerge desse entendimento do amor, portanto, é muito simples. Se as pessoas na vida atual escolhem ser violentas, abusivas e perversas, por que não escolheriam esse mesmo padrão de comportamento depois da morte?

Essa pergunta nos conduz a outra ideia, enraizada na dinâmica natural da existência. Os seres humanos não são imutáveis e estáticos – eles mudam e se transformam com o desenrolar da vida. Quando escolhemos o mal, geralmente atraímos ainda mais mal. Quando mentimos, precisamos contar outra mentira para sustentar a primeira, e assim por diante.

Quando escolhemos rejeitar a humanidade dada por Deus, tomamos um caminho perigoso. Uma mentira leva a outra, um ato de violência leva a outro, e assim por diante, enquanto o ciclo de negatividade vai ganhando cada vez mais volume. É dessa maneira que o vício opera: alguma coisa coloca suas garras sobre nós e, à medida que vai se tornando mais presente, se torna mais difícil viver sem ela.

Isso nos leva a questionar: depois de permanecer isolado durante centenas ou até milhares de anos, alguém que conscientemente escolheu viver distante de Deus não pode despertar e decidir seguir uma direção diferente?

Embora estejamos tocando apenas superficialmente nessa visão do evangelho – segundo a qual é apenas nesta vida que podemos escolher o nosso destino eterno –, é seguro afirmar que ela é amplamente aceita e defendida por um número incalculável de crentes no mundo de hoje.

Outras pessoas sustentam essa visão, mas admitem uma possibilidade que envolve a imagem de Deus em cada um de nós. Podemos alimentar e cultivar esta imagem divina, ou podemos ignorá-la, negá-la e asfixiá-la. Se alguém fizesse isso, tornando-se cada vez menos humano na maneira de tratar os outros e a si mesmo, o que aconteceria com o passar dos anos? A humanidade dessa pessoa se extinguiria? A imagem divina poderia ser apagada do coração de uma pessoa depois de determinado tempo de desprezo e negligência? Existe a chance de que ela possa ser considerada "ex-humana"?

Há também aqueles que aceitam a ideia de que há dois destinos e duas realidades depois da morte, mas também acham que deva haver algum tipo de "segunda chance" para quem não acreditou em Jesus enquanto estava vivo.

O grande reformador protestante Martinho Lutero escreveu para Hans Von Rechenberg, em 1522, discutindo a possibilidade de as pessoas poderem regressar a Deus depois da morte. Ele disse na carta: "Quem duvidaria da capacidade de Deus para fazer isso?"

Boa pergunta.

E existem outros ainda que acreditam que, já que há uma segunda chance, ela não deve estar limitada a um único instante logo depois da morte. Eles creem que haverá incontáveis oportunidades de se dizer sim para Deus.

Por mais demorado que seja.

No âmago dessa visão está a crença de que, depois de determinado tempo, todos voltarão para Deus e estarão em paz na Sua presença. O amor de Deus derreterá todos os corações duros, e até os mais "perversos pecadores", por fim, deixarão suas resistências e voltarão para o Senhor.

Assim, há uma longa tradição de cristãos que acreditam que, no fim, Deus irá restaurar todas as coisas e todas as pessoas, porque Jesus diz em Mateus 19 que haverá uma "regeneração de todas as coisas". Pedro diz em Atos 3 que Jesus "restaurará todas as coisas", e Paulo escreve em Colossenses 1 que, por intermédio de Cristo, foi do agrado de Deus reconciliar "todas as coisas, tanto as que estão na terra quanto as que estão nos céus".

No século III, os pais da Igreja, Clemente de Alexandria e Orígenes, afirmaram a reconciliação de Deus com todas as pessoas.

No século IV, Gregório de Nissa e Eusébio também acreditaram nisso.

Em sua época, Jerônimo insinuou que a "maioria das pessoas", Basílio disse que uma "multidão de homens", e Agostinho reconheceu que "muitos" acreditavam na reconciliação derradeira de todas as pessoas com Deus.

A confiança desses teólogos de que um dia todos seriam reconciliados se baseava na crença de que a existência de uma incontável multidão de pessoas sofrendo eternamente não traria glória a Deus. A restauração traz glória a Deus; a agonia sem fim, não. Renovação, regeneração e retorno fazem a grandeza de Deus resplandecer pelo Universo; o castigo perpétuo, não.

Repetindo: um grande número de discípulos de Jesus afirmou que ninguém pode resistir à graça de Deus para sempre, pois o amor de Deus é capaz de derreter até os corações mais duros.

Será que Deus diria "Sinto muito, mas é tarde demais" a alguém verdadeiramente arrependido?

Como está escrito em 2 Timóteo 2, Deus "não pode negar-se a si mesmo".

Abraão perguntou em Gênesis 18: "Não agirá com justiça o Juiz de toda a terra?"

O que é mais forte e poderoso: a dureza do coração humano ou o incansável, infinito e abrangente amor de Deus?

Milhões de pessoas, durante milhares de anos, responderam a essa pergunta de forma categórica: "O amor de Deus, é claro!"

Como o apóstolo João lembra à igreja em sua primeira carta, "aquele que está em vocês é maior do que aquele que está no mundo" (capítulo 4); e Paulo declara em 1 Coríntios 13: "O amor nunca perece."

Desde que a primeira igreja se estabeleceu, houve um grupo que defendia que a história não é trágica, que o inferno não é para sempre e que o amor vence no final, quando todas as coisas serão reconciliadas com Deus.

Para refletir sobre essas ideias, vale examinar brevemente duas observações e depois analisar uma imagem que aparece no final da Bíblia.

Primeiro, uma observação óbvia, mas infelizmente bastante necessária: as pessoas respondem de muitas maneiras diferentes às perguntas sobre quem vai para onde, quando, como e por quê.

No fim das contas, é um rio largo esse em que estamos nadando.

Muitas pessoas acham Jesus convincente, mas não o seguem por causa das coisas que ele fala sobre "inferno", "tormento" e tudo mais. Em algum ponto do caminho elas aprenderam que a única opção quando se trata da fé cristã é declarar que alguns poucos cristãos consagrados irão "para o céu" quando morrerem e todos os demais não; que a questão é resolvida na hora da morte e pronto.

Nem todos os cristãos acreditam nisso, e você não tem que acreditar nisso para ser cristão. A fé é grande o suficiente e generosa o bastante para acolher diversas perspectivas.

Em segundo lugar, é importante que sejamos honestos quanto ao fato de que algumas histórias são melhores do que outras. Uma história em que bilhões de pessoas passam a eternidade aprisionadas em um buraco negro de tormento e miséria infinitos não é muito boa.

Uma história sobre um Deus que impõe um castigo impiedoso sobre as pessoas porque elas não fizeram, disseram ou acreditaram nas coisas certas com certeza não é uma história muito boa.

Por outro lado, todos desfrutando do mundo de Deus juntos, sem remorso ou vergonha, com a justiça reinando e com os erros transformados em acertos é uma história melhor. É uma história maior, mais amorosa, mais inclusiva, mais extraordinária, mais bela e mais inspiradora do que qualquer outra sobre o nosso destino.

Sejam quais forem as objeções que uma pessoa possa ter a essa história, ela tem de admitir que é uma história apropriada e cristã.

Podemos ser francos a respeito da natureza enganosa do coração humano, da liberdade que o amor exige e das escolhas destrutivas que as pessoas fazem, e ainda assim ver o amor de

Deus como sendo maior, mais forte e mais convincente do que tudo isso junto.

Vamos analisar agora uma imagem que é apresentada nos últimos capítulos da Bíblia.

O último livro das escrituras é o Apocalipse, uma carta enigmática e complexa de um pastor chamado João, repleta de rolos de livros, mantos brancos, anjos, pragas, trombetas, dragões, bestas, taças, prostitutas e cavalos.

Mulheres sentadas sobre bestas escarlates,
espadas saindo das bocas,
a morte no "lago de fogos"
e a experiência de "segunda morte" no Hades.

Essa carta que encerra a Bíblia está escrita em uma linguagem confusa, carregada de simbolismo, e tem gerado muitas interpretações e discussões ao longo dos séculos, começando com uma pergunta: "Como os primeiros leitores da carta a entenderam?" Porque é fato histórico que ela foi escrita por um pastor real, em um lugar real, para uma congregação real que passava por sofrimentos muito reais. Os cristãos primitivos viviam sob a opressão dos imperadores romanos, que exigiam ser adorados como "Filhos de Deus". O cristão que se recusasse a reconhecer estes Césares como Senhor era sumariamente executado, apenas por ser um seguidor de Jesus Cristo.

Esse tipo de tribulação levantou questões urgentes sobre a maneira como Deus governava o mundo e por quanto tempo Ele permitiria que a injustiça continuasse. João pintou um quadro de um Deus que agia decisivamente para combater o mal e derrotar todos os que passavam por cima da inocência e do bem. No fim, os erros seriam reparados e os vilões prestariam conta pela destruição que haviam causado.

Mas a carta não termina com sangue e violência.

Ela termina com dois capítulos que descrevem uma nova cidade, uma nova criação, um novo mundo que Deus faz aqui mesmo no meio deste mundo. É uma visão alegórica de esperança sobre um futuro em que as nações são curadas, a terra encontra a paz e não há mais lágrimas.

Essa visão transmitida no fim da Bíblia acrescenta muito à grande história, aquela para a qual Jesus nos convida e que está enraizada, dirigida e permeada pelo amor de Deus.

Primeiramente, fica claro que neste novo mundo não há lugar para assassinato, destruição e engano. Essas coisas não podem existir porque no novo mundo não há lugar para tais males, o que significa que ele está livre daqueles que insistem em perpetuar maldades.

Isso é importante porque, ao falarmos do extraordinário e infinito amor de Deus, há sempre o perigo de negligenciarmos os seus resultados concretos, como o desejo de Deus de ver as coisas se tornando aquilo para que foram criadas. Para que isso aconteça, o Senhor deve rejeitar todas as ações perversas e todas as pessoas que insistem em praticá-las.

Amor exige liberdade. Sempre exigiu e sempre exigirá. Nós somos livres para resistir, recusar e nos rebelar contra os caminhos que Deus traçou para nós. Podemos ter todo o inferno que quisermos.

Vamos fazer uma pausa e perguntar o óbvio: Alguém poderia escolher outro caminho, tendo um universo de amor, alegria e paz bem diante de si?

A resposta é: "Sim, poderia."

Eu vejo isso todo dia, e você também. As pessoas escolhem viver em seus próprios infernos. Nós agimos assim sempre que nos isolamos, reagimos a uma agressão, dizemos uma palavra rude ou endurecemos o nosso coração.

Você já teve uma discussão com alguém e sabia exatamente o que não deveria dizer? Mesmo sabendo que iria ferir aquela pessoa, que traria o seu passado à tona e que a magoaria profundamente, você resolveu dizer aquelas coisas?

As pessoas escolhem os piores caminhos o tempo todo. Esse impulso está oculto em todos nós. Será que isso significa que aqueles que disseram não para Deus nesta vida continuarão a dizê-lo na próxima? Amor demanda liberdade e a liberdade concede essa possibilidade. Se as pessoas fazem essa opção agora, podemos presumir que a farão no futuro.

Em segundo lugar, está escrito nos últimos capítulos do livro do Apocalipse que as portas da cidade naquele mundo novo "jamais se fecharão". Este é um pequeno detalhe, e é importante não nos atermos a detalhes e a imagens específicas. Mas portas existem para manter pessoas dentro e pessoas fora. Se as portas nunca se fecham, então as pessoas são livres para entrar e sair.

Será que Deus pode trazer uma justiça perfeita e duradoura eliminando certas ações da sua nova criação, enquanto ao mesmo tempo mantém a esperança de uma reconciliação com essas pessoas, deixando as portas abertas para isso? No fim, todos serão salvos, ou haverá aqueles que se agarrarão à sua versão da história, insistindo no direito de serem seu próprio deus, que governa seu reinozinho miserável?

Todos serão salvos,
ou alguns agonizarão longe de Deus por causa de suas escolhas?

Essas são questões que estamos livres para deixar intactas. Não precisamos resolvê-las ou respondê-las, simplesmente porque não podemos fazer isso – então simplesmente as respeitamos, criando espaço para a liberdade que o amor exige.

Isso conduz a uma terceira observação sobre a nova criação, a nova cidade, o mundo novo que vemos descrito na parte final do Apocalipse. Deus anuncia: “Estou fazendo novas todas as coisas!” No fim, algo novo. É o que o amor de Deus faz: diz novas palavras para o mundo e para nós. Declarações rígidas e apressadas sobre como Deus pretende organizar o mundo novo abrem espaço para todos os tipos de possibilidade. Isso não diminui a justiça de Deus nem despreza as consequências do pecado e da rebeldia – apenas reconhece os limites do nosso poder de especulação.

Agora vamos voltar à pergunta original: “Deus consegue fazer o que deseja?” Essa é uma pergunta importante que leva a muita discussão.

Mas há uma pergunta ainda mais importante, que nós podemos responder, pois engloba toda a especulação sobre o futuro e a traz de volta para uma dimensão em que podemos confiar.

A questão não é mais "Deus consegue o que deseja?",
e sim"Nós conseguimos o que desejamos?"

E a resposta para isso é um categórico "sim".

Sim, nós conseguimos o que desejamos.
Deus é amoroso o bastante para nos conceder isso.

Se alguém deseja se isolar e ter o direito de ser o seu próprio deus, o Senhor lhe garante essa opção. Se uma pessoa insiste em usar o poder e a força dados por Deus para fazer um mundo à sua própria imagem, Deus lhe concede essa liberdade. Se alguém não quer a luz, a esperança, a graça e a paz, Deus respeita esse desejo e lhe permitirá ter uma existência sem qualquer um desses atributos. Quanto menos uma pessoa se interessar pelas coisas de Deus, maior será a distância entre ela e o Pai.

Entretanto, se desejarmos a luz,
se formos atraídos pela verdade,
se buscarmos a graça,
se colocarmos um fim em nossos planos e tramas
e quisermos ajudar o próximo,
Deus também nos dará o que queremos.

Se tivermos a consciência
de que estivemos longe de casa
e quisermos retornar,
Deus estará lá,
em pé na entrada,
de braços abertos,
pronto para nos receber de volta.

Se ansiarmos por *shalom*
e suspirarmos pela paz que transcende
todo entendimento,
Deus não apenas nos dará,
mas a derramará sobre nós,
abundantemente,
até transbordar.
Como num banquete em que a comida e o vinho jamais acabarão.

Esses desejos podem começar com o plantio de uma pequena semente em nosso coração, ou com a vontade de que a vida seja melhor, ou com uma angustiante sensação de perda, ou com a consciência de que há algo além da rotina e da dureza da vida, ou ainda com a intuição de que isso não é tudo o que existe. Muitas vezes, tais desejos nascem da maneira mais inesperada, brotando da nossa necessidade de ter algo que não temos ou de ser algo que não somos.

E, para isso,
para esse desejo impulsivo, apaixonado, ansioso e nostálgico,
Deus diz sim.
Sim, há água para essa sede,
há alimento para essa fome,
há luz para essa escuridão,
há alívio para essa angústia.
Se quisermos o inferno,
se quisermos o céu,
eles serão nossos.

É assim que o amor opera. As coisas não podem ser forçadas, manipuladas ou coagidas.

O amor sempre dá espaço para decidirmos.
Deus diz sim,
e podemos conseguir o que desejamos,
porque o amor vence.

CAPÍTULO 5

Morrendo para viver

POR VOLTA DO ANO 2005, o famoso rapper americano Eminem sumiu do mapa. Não lançou nenhum disco, não fez nenhuma turnê. Não se ouvia nada sobre ele. Começaram a surgir comentários de que ele estaria lutando contra o vício da droga, e muita gente especulou se ele algum dia voltaria a cantar. Então, em 2010, Eminem anunciou que faria uma apresentação em Detroit, sua cidade natal.

Eu estava entre as 40 mil pessoas que lotaram o estádio de beisebol quando ele surgiu no palco e sua imagem foi projetada nos imensos telões nas laterais do palco. Foi aí que eu percebi um detalhe fascinante.

Eminem usava uma cruz no pescoço.

Nos dias de hoje, cruzes são vistas o tempo todo.
Não há novidade alguma nisso.
Elas estão penduradas nos pescoços das pessoas,
penduradas nos templos cristãos
e em eventos esportivos.
A cruz é um ícone,

um sinal,
uma escultura;
ela está nos braços de alguém como uma tatuagem.
A cruz está por toda parte.

Empresas e instituições gastam milhões para criar logotipos que levem o consumidor a associá-los a certos produtos ou ideias. Mas a imagem da cruz, esse simples ícone com duas varetas entrelaçadas, sobrevive há centenas de anos.

Porém, essa presença massificada da cruz é perigosa, porque ela pode ser banalizada. A familiaridade excessiva leva à não familiaridade. Quando vemos muito alguma coisa, achamos que a conhecemos bem e que sabemos tudo sobre ela.

"Jesus morreu na cruz por nossos pecados."
Sim, sabemos disso. Nós ouvimos essa frase inúmeras vezes.
Alguma coisa a mais?

Sim, há.

Com que frequência você corta o pescoço de um bode?
Você já estrangulou um pássaro e depois o colocou sobre um altar?

Tenho certeza de que você nunca fez nada disso. Nunca. Só de pensar nesses rituais já sente repulsa. Essas são práticas bárbaras, primitivas e absurdas. Nem sequer passa pela sua cabeça sacrificar animais.

No livro dos Hebreus, capítulo 9, está escrito que Cristo "apareceu uma vez por todas no fim dos tempos para aniquilar o pecado mediante o sacrifício de si mesmo".

No mundo antigo, as pessoas sacrificavam animais constantemente – touros, bodes, cordeiros, pássaros. Criavam ou compravam um animal, levavam-no ao templo e diziam as palavras certas. Então o animal era abatido e seu sangue era derramado sobre um altar para mostrar aos deuses que aquele devoto estava muito triste por qualquer erro que tivesse cometido, que era muito grato pela chuva, pela colheita, pelos filhos ou por quaisquer outras bênçãos que se possa imaginar que os deuses tenham dado.

Durante milhares de anos, civilizações inteiras praticaram rituais de sacrifício, porque os povos acreditavam que era dessa maneira que se mantinha um relacionamento pacífico com os deuses, com as forças superiores e com as divindades que tinham poder sobre o destino.

As pessoas queriam que a divindade que controla o sol e a chuva estivessem do seu lado.

As mulheres queriam que a força que gera a gravidez agisse em seu favor.

Os homens queriam que os deuses que decidem o vencedor de uma batalha os apontassem como o vitorioso.

Era assim que funcionava. Portanto, quando o autor do livro dos Hebreus afirmou que Jesus foi o último e definitivo sacrifício, foi algo revolucionário. Declarar isso naquela época? Impressionante.

Culturas inteiras eram centradas em manter os deuses satisfeitos. Obviamente, isso era complicado, consumia muito tempo e gerava ansiedade. Nunca era possível saber se os deuses tinham ficado plenamente satisfeitos ou se a dívida havia sido paga de forma adequada. E então aquela carta judaica apareceu e anunciou que tais práticas não tinham mais sentido porque um homem morreu preso numa cruz.

Só o impacto psicológico já teria sido extraordinário – seria o fim da ansiedade, das preocupações, do estresse, da dúvida se os deuses estavam contentes com o homem ou prestes a castigá-lo. Não haveria mais necessidade de qualquer sacrifício, porque Jesus foi o sacrifício definitivo que satisfez plenamente o único Deus que sempre importou.

É como o autor dos Hebreus explica o que aconteceu quando Jesus morreu naquela cruz.

Talvez você já tenha ouvido essa história antes.

Excelente.

Porque ela não para por aqui.

Em outro livro do Novo Testamento, Paulo escreve aos Colossenses que, por meio da cruz, Deus estava reconciliando "consigo todas as coisas, tanto as que estão na terra quanto as que estão nos céus, estabelecendo a paz pelo seu sangue derramado na cruz" (capítulo 1).

"Reconciliação" é uma palavra que pertence ao mundo dos relacionamentos. Reconciliação é o que acontece quando pessoas ou grupos tiveram algum problema entre si e encontraram um meio de consertar as coisas. A paz foi restabelecida.

Paulo pega algo que vivenciamos nos relacionamentos e diz que é mais ou menos a mesma coisa que aconteceu na cruz. Deus restabeleceu a paz com "todas as coisas".

Portanto, quando Jesus morreu na cruz,
foi o fim da prática de sacrifícios
ou foi a reconciliação de todas as coisas?

Em Romanos 3, Paulo escreve que fomos justificados pela graça por meio de Jesus. "Justificados" é um termo legal extraído do universo das cortes, dos juízes, dos promotores, da culpa e da punição. Paulo está se referindo ao nosso mundo como se houvesse uma corte judicial e nós estivéssemos ali, em pé, como culpados diante do juiz, sem nenhuma esperança. O que Paulo diz é que Jesus pagou o preço dos nossos pecados para que pudéssemos ser livres.

Novamente:
Quando Jesus morreu na cruz,
foi o fim dos sacrifícios,
foi a reconciliação de todas as coisas
ou foi o preço pago para libertar os pecadores condenados?

Depois, Paulo escreve em 2 Timóteo 1 que Jesus "tornou inoperante a morte", e João escreve no capítulo 5 de sua primeira epístola que "esta é a vitória que vence o mundo".

"Vitória" e "destruição" são termos de guerra – são metáforas do mundo das armas, dos soldados e das conquistas. Nesses dois textos, a cruz é vista como a vitória de Jesus na batalha contra o mal.

No primeiro capítulo da epístola aos Efésios, Paulo escreve que nós "temos a redenção por meio de seu sangue". Redimir alguma coisa é dar novamente valor a ela, resgatá-la, comprá-la de volta.

Então, torno a perguntar: O que aconteceu na cruz?

A morte de Jesus na cruz significou o fim da prática dos sacrifícios,
significou um relacionamento rompido que foi restaurado,
um condenado que foi posto em liberdade,
uma batalha que foi vencida,
ou a redenção de alguma coisa que havia sido perdida?

Qual destas perspectivas é a correta? Qual a metáfora apropriada? Qual a explicação verdadeira?

A resposta é: Todas.

Então, por que todas essas explicações diferentes?

Para os primeiros cristãos, algo de muito poderoso e transformador tinha ocorrido em virtude da crucificação de Jesus, e eles se dispuseram a comunicar o sentido disso aos seus contemporâneos, em uma linguagem que eles pudessem entender. Então começaram a olhar para o mundo à sua volta, identificando exemplos, imagens, experiências e metáforas que já fossem familiares aos seus ouvintes e leitores, para transmitir basicamente o seguinte:

O que aconteceu com a cruz é como...
um condenado sendo liberto,
um relacionamento sendo restaurado,
alguma coisa perdida sendo redimida,
uma batalha sendo vencida,
um inimigo sendo amado
e um sacrifício definitivo sendo oferecido
de forma que ninguém jamais precise oferecer outro.

Nos primeiros mil anos da história da Igreja, a metáfora da vitória na batalha de Jesus vencendo a morte era o entendimento dominante sobre a crucificação. Depois, em outras épocas, novas interpretações foram mais enfatizadas.

Isto é especialmente importante à medida que muitos continuam a usar a metáfora do sacrifício no mundo moderno. Não há nada errado em dizer coisas como "o sangue nunca perderá o seu poder" e "nada além do sangue poderá nos salvar". São metáforas poderosas. Mas não vivemos mais em uma cultura em que as pessoas oferecem sacrifícios de animais aos deuses. O povo viveu desse modo por milhares de anos, e ainda há algumas tribos ao redor do planeta que mantêm essa prática. Mas a maioria das pessoas não vê mais as coisas assim. O que os primeiros cristãos fizeram foi olhar em torno e contar a história de Jesus de uma forma que seus ouvintes pudessem compreender.

O ponto, portanto, não é escolher a metáfora mais correta. O centro da mensagem é Jesus. O divino em carne e sangue. Ele está onde a vida está.

Até aqui, nós exploramos a cruz.
Vamos agora à ressurreição.
Porque depois de uma sexta-feira, por fim, vem o domingo.

Muitas pessoas eram crucificadas na época de Jesus. Isso não era incomum. O que deu aos cristãos primitivos esse fogo e essa unção foi a certeza de que a morte de Jesus não foi a última palavra sobre o mestre de Nazaré. O que fez movimentar a roda da história foi a certeza dos seguidores de que tiveram uma experiência com o Cristo *depois de sua morte.* Os encontros que tiveram com ele os levaram a acreditar que algo de muito grandioso havia acontecido e que isso teria implicações em todo o mundo.

É importante lembrar que a ressurreição não era uma ideia nova. No outono, as folhas das árvores caem e as plantas morrem. Elas ficam amarronzadas, murcham e perdem a vida. As plantas ficam assim por todo o inverno – adormecidas, mortas. E, quando chega a primavera, elas voltam à vida. Crescem, desabrocham, produzem novas folhas e brotos. Mas, para que haja primavera, tem que haver um outono e um inverno. Para a natureza desabrochar para a vida, primeiro precisa morrer. Primeiro a morte, depois a ressurreição. Isso é verdadeiro para o ecossistema, para as cadeias alimentares, para as estações – isso é verdadeiro para todo o meio ambiente. A morte dá lugar à vida.

Uma semente tem que morrer na terra antes de surgir como uma nova vida.

Pense no que você comeu hoje.

Tudo foi morto. Se você comeu vegetais, eles foram colhidos em algum momento, extraídos da terra, arrancados de um caule, tirados do solo para que fizessem seu percurso até o prato, onde foram comidos para que você pudesse... viver. A morte de uma vida em favor de outra.

As células de nossos corpos morrem a uma velocidade de milhões por segundo, e são substituídas por células novas em uma velocidade similar. Nossa pele está constantemente se descamando, e nosso corpo está constantemente a substituindo por outra.

A morte é o motor da vida também na esfera das relações. Pense nos bombeiros que morrem tentando salvar vidas. Quem não se comove ao ouvir essas histórias de heroísmo e desprendimento? Relatos de pessoas que sacrificam sua vida pelo bem-estar de outras costumam ser inspiradores. Inspirar é dar vida. É trocar a morte de uns pela vida de outros.

Assim, quando os autores do Novo Testamento falam da ressurreição de Jesus trazendo vida nova para o mundo, eles não estão introduzindo um conceito novo. Estão falando de algo que sempre foi verdadeiro. É assim que o mundo funciona.

Embora a cruz seja geralmente entendida como um ícone religioso, ela é o símbolo de uma realidade elementar, uma realidade que experimentamos sempre que damos uma mordida em um alimento.

Morte e renascimento são tão antigos quanto o mundo.

Os primeiros cristãos entendiam a cruz e a ressurreição como um acontecimento tão amplo quanto o mundo, estendido para toda a criação.

Há um bom exemplo disso no quarto evangelho. João conta uma história em que Jesus transforma água em vinho em um casamento na Galileia (capítulo 2) e menciona que esse foi o primeiro "sinal milagroso" que Jesus realizou. Então, dois capítulos à frente, Jesus cura o filho de um oficial, e João escreve que este foi o "segundo sinal milagroso que Jesus realizou".

Por que João enumera os sinais?

Uma das coisas que reparamos quando lemos a Bíblia com atenção é que os autores eram bastante sutis e empregavam métodos incrivelmente complexos, como numerações, pistas e alusões em seus escritos. Muitas vezes eles colocavam outra história sob a camada da narrativa principal.

Então, quando João enumera esses dois sinais milagrosos, podemos nos perguntar: O que ele pretende com isso?

Se prosseguirmos na leitura à procura de sinais, veremos Jesus curar um paralítico junto a um tanque logo no capítulo seguinte. Esse seria o seu terceiro sinal no evangelho de João. Então, no capítulo 6, Cristo alimenta uma multidão e caminha sobre as águas. Esses deveriam ser os sinais quatro e cinco. Em seguida, no capítulo 9, ele cura um cego, o que seria o sinal número seis. Depois, no capítulo 11, realiza mais um "sinal" ressuscitando Lázaro.

Ao todo, sete sinais.

O número sete é significativo na Bíblia?
Ele aparece em algum outro lugar importante?

Sim. Com certeza. O poema do Gênesis que inicia a Bíblia fala dos sete dias da criação.

Mas há ainda outro sinal milagroso no evangelho de João. No capítulo 20, Jesus ressurge dos mortos. Esse é *o* sinal! O oitavo sinal no livro de João. Jesus ressurge dos mortos em um jardim. O que remete, é claro, ao Gênesis, à primeira criação em um... jardim.

O que João está tentando transmitir?

É o oitavo sinal, no primeiro dia da semana, o primeiro dia de uma nova vida. A ressurreição de Jesus inaugura a nova criação, livre da morte, que irrompe através de Jesus neste mundo.

O túmulo está vazio,
um novo dia rompeu,
uma nova criação chegou,
tudo se transformou,
a morte foi vencida,
o antigo se foi,
o novo apareceu.

João está contando uma grande história,
a história de Deus resgatando toda a criação.

Quando dizem que Jesus teve de morrer na cruz para que nós pudéssemos ter um relacionamento com Deus, tudo bem, é verdade. Porém, essa explicação *nos* coloca no centro do palco. Para os primeiros cristãos, a história era melhor, maior e mais consistente. Quando vemos Jesus como a única saída para salvar as pessoas do pecado e da morte, corremos o risco de reduzir o Evangelho a algo voltado apenas para os humanos, quando, na verdade, Deus iniciou um movimento com a ressurreição de Jesus para renovar, restaurar e reconciliar "todas as coisas, tanto as que estão na terra quanto as que estão nos céus" (Colossenses 1). A morte e a destruição foram vencidas numa escala épica. Os indivíduos são agora convidados a enxergar suas vidas no contexto de uma história muito maior, que inclui toda a criação.

Os escritores bíblicos deixaram muito claro que as boas-novas da cruz e da ressurreição são para todos. Paulo escreve em 1 Coríntios 15 que toda a humanidade morreu com o primeiro homem, porque "em Cristo todos serão vivificados". Paulo escreve na sua epístola a Tito que "a graça de Deus se manifestou salvadora a todos os homens" (capítulo 2). E então, em um de seus ensinamentos mais memoráveis, ele explica aos romanos que, "assim como uma só transgressão resultou na condenação de todos os homens, assim também um só ato de justiça resultou na justificação que traz vida a todos os homens" (capítulo 5).

Paulo não estava sozinho. João disse ao seu povo que Jesus é "o Cordeiro de Deus que tira o pecado do mundo", e "a propiciação pelos nossos pecados, e não somente pelos nossos, mas também pelos pecados de todo o mundo" (João 1; 1 João 2).

Se perguntássemos a várias pessoas por que elas deixaram de ir à igreja, quantas responderiam algo do tipo "Porque ela é muito limitada"?

Um evangelho que deixa de lado a sua dimensão cósmica parecerá sempre limitado.

Um evangelho cuja essência de sua mensagem é ensinar a evitar o inferno e a não pecar nunca será satisfatório.

Um evangelho que afirma repetidamente que apenas um seleto grupo será salvo, enquanto bilhões de pessoas não, nunca será fiel à história de Deus, que inclui "todas as coisas e pessoas no céu e na terra".

Por fim, a crucificação e a ressurreição têm a ver com a maneira como vivemos. Esses acontecimentos são um modelo diretamente relacionado à realidade elementar da criação, que se estende para o núcleo de vitalidade da nossa alma.

Quando dizemos sim para Deus, quando nos abrimos para a vida que Jesus emanou daquela cruz, ingressamos em um novo modo de vida. Cristo é a fonte, a força, o exemplo e a garantia de que esse modelo de morte e renascimento é o caminho para o único tipo válido de existência.

Jesus fala constantemente sobre morte e ressurreição, tanto a dele quanto a nossa. Ele nos chama para abandonar, renunciar, confessar e deixar para trás os velhos caminhos. Ele fala da vida que nascerá da sua morte e promete que essa vida fluirá em nós quando matarmos nosso ego, nosso orgulho, nossa necessidade de estar sempre certos, nossa autossuficiência, nossa rebeldia e nossa prepotência. Quando nos apegamos à hostilidade, somos como uma árvore que não deixa as folhas caírem. Não pode haver primavera se ficarmos agarrados ao outono.

Perca sua vida e a encontrará, diz Jesus.
É assim que o mundo funciona.
É assim que a alma funciona.
É assim que a vida funciona quando morremos para viver.

Será que Eminem encontrou essa verdade?

Será que ele, em algum momento de sua dor, de seu vício e desespero, tocou o fundo do poço com força suficiente para que alguma coisa morresse dentro dele?

Será que ele vislumbrou aquela verdade que é tão antiga e perene quanto o Universo? Será que viu aquela vida que surge da morte?

Será que, de alguma maneira, o velho Eminem morreu e por isso conseguiu dar a volta por cima?

Terá sido essa a razão de ele usar aquela cruz no pescoço?

Todos nós queremos uma nova vida.
Precisamos saber que a última palavra ainda não foi dita,
precisamos saber que o Universo está do nosso lado,
precisamos saber na sexta-feira que o domingo, por fim, virá.

É por isso que a imagem da cruz é tão emblemática.

Ela é uma lembrança, um sinal, um ícone que nos permite explorar nossos desejos mais profundos para ser parte da nova criação.

Porque é assim que o Universo opera.
É o que Jesus faz.
Morte e ressureição.
Da antiga vida nasce a nova vida;
uma desaparece, a outra chega.
Sexta-feira e depois domingo.
Nós morremos e depois renascemos.
É assim que acontece.

CAPÍTULO 6

Há pedras por toda parte

Quando completei meu primeiro ano como pastor, conheci um homem que me disse que todas as noites ficava acordado de madrugada desenhando na mesa da cozinha e fumando maconha até o dia clarear. Em uma dessas noites, sentiu o ambiente ser invadido por uma onda de calor e amor. Ele contou que teve certeza absoluta de que aquilo era um sinal de Deus lhe dizendo que ele era amado incondicionalmente e que o único caminho possível para sua vida era receber aquele amor e se tornar um seguidor de Jesus.

Foi o que ele fez.
E sua vida nunca mais foi a mesma.

Eu identifico três reações possíveis a uma história como essa. Algumas pessoas dirão: "Não é incrível o modo como Deus atua?" Outras, mais místicas, sorrirão de um jeito meio zen e dirão: "O Espírito se move de maneiras misteriosas..." E também há aquelas, como eu, cujo primeiro pensamento será: "Deve ter sido a erva."

É claro que pode haver ainda aqueles que vão achar a história maluca e afirmar que a religião só atrai pessoas esquisitas, influenciáveis e de mente fraca, que usam experiências sobrenaturais para justificar a própria loucura.

Quando acendemos a luz, vemos todo tipo de inseto.

O problema, entretanto, é que eu já ouvi inúmeras histórias como essa. Estranhas, bizarras, confusas, inexplicáveis. E, mesmo assim, reais.

Para cada uma que desprezo, aparecem dez que não podem ser questionadas. Mesmo sendo esquisitas, elas contêm algo estranhamente verdadeiro.

Muitos anos depois de ouvir o relato daquele sujeito, fui ao hospital visitar um homem que tinha sobrevivido a um terrível acidente de trabalho. Ele estava consertando o teto de um grande depósito quando o andaime que o sustentava se inclinou e o imprensou contra as traves de sustentação, deixando-o pendurado a pouco mais de 30 metros do chão.

Ele contou que, na hora do acidente, perdeu os sentidos e viu uma luz branca.

Ele disse que soube instantaneamente que a luz branca era boa e justa, mas que produzia uma sensação profunda de que ele não era tão bom e justo. Foi isso que a luz revelou sobre ele, coisas que ele não queria que fossem reveladas. Então o homem ficou repetindo insistentemente, da maneira mais rápida que podia, as palavras: “Por favor, perdoa-me.”

Depois ele recobrou os sentidos no hospital.

Em que tipo de universo nós estamos vivendo?
Ele é seguro ou perigoso?
Haverá uma força, uma energia, um ser clamando por nós em muitas línguas, usando vários métodos e situações, para tentar atrair nossa atenção?

Ou estamos sozinhos neste mundo?
Será que deveríamos desprezar essas experiências que surgem do nada,
o amor que penetra sem explicações nas horas mais estranhas,
a graça tranquila que nos arrebata no meio da noite e nos assegura que ficaremos bem?

E o que isso tudo tem a ver com Jesus?

A resposta para essa pergunta é outra história esquisita.

Ela está em um dos primeiros livros da Bíblia, Êxodo, no capítulo 17. Moisés e os israelitas haviam deixado o Egito e estavam "andando de um lugar para outro, conforme a ordem do Senhor".

As coisas não iam bem. Os israelitas estavam com sede, não conseguiam encontrar água e estavam zangados com Moisés, perguntando por que ele os tirou do Egito para fazer com que morressem de sede naquele deserto, junto com seus filhos e os animais. Moisés clamou a Deus: "Que farei com este povo?"

Deus então lhe diz para bater na rocha com sua vara, junto com algumas autoridades de Israel e diante de todo o povo.

Ele obedece,
e da rocha sai água.

Que história esquisita.

Que rocha estranha.

A história continua, narrando o restante da jornada, contando sobre os obstáculos do caminho, sobre a paciência de Deus e sobre a descoberta de Moisés de como é difícil liderar pessoas sem perder o equilíbrio.

Mas quanto à rocha... não ouvimos mais nada sobre ela.

Até cerca de mil anos mais tarde.

Em uma carta aos Coríntios, o apóstolo Paulo faz referência a essa história, dizendo que os que saíram do Egito "beberam da mesma bebida espiritual; pois bebiam da rocha espiritual que os acompanhava, e essa rocha era Cristo" (1 Coríntios 10).

Aquela rocha era... Cristo?

Jesus era a rocha?

Como assim? Jesus não é mencionado em momento algum da história. Moisés bate na rocha, ela jorra água, e o povo mata sua sede.

Ponto final.

Paulo, entretanto, tem outra leitura do episódio, revelando que Cristo estava presente naquele momento, que era ele quem estava dando a água que as pessoas precisavam para sobreviver. Jesus estava dando, saciando, sustentando.

Paulo afirma que Jesus era a rocha.

Ele diz que Jesus estava lá.
Sem que ninguém usasse seu nome.
Sem que ninguém dissesse que era ele.
Sem que ninguém sequer reconhecesse o que – ou mais precisamente *quem* – era aquela rocha.

A interpretação de Paulo de que Cristo estava presente no Êxodo levanta a questão:
Onde mais Jesus estava presente?
Quando mais?
Com quem mais?
Como mais?

Paulo encontra Jesus lá,
naquela rocha,
porque ele encontra Jesus em todos os lugares.

Para entender por que, é importante entender como os primeiros cristãos pensavam o mundo.

Há uma energia no mundo, uma centelha, uma eletricidade à qual tudo está ligado. Os gregos a chamavam de *zoe*, os místicos a chamam de "Espírito" e o pessoal do *Guerra nas Estrelas* chama de "Força".

Como o sol pode liberar tanta energia e se regenerar ao mesmo tempo?

Como as abelhas sabem extrair o pólen de uma flor e depositá-lo em outra?

Por que o meu gramado tem manchas marrons onde não cresce grama e nas fendas do concreto do chão da minha garagem a grama nasce?

Essa energia que pulsa através de toda criação a sustenta, a abastece e a mantém funcionando – crescendo, desenvolvendo, reproduzindo, fazendo mais.

Em muitas culturas, essa energia é considerada impessoal. Como a Força em *Guerra nas Estrelas*, ela não tem nome, rosto ou personalidade. Ela é indiferente a nós. Nossa alegria e nosso significado são irrelevantes para ela.

No entanto, não é assim que ela é apresentada no poema da criação que inicia a Bíblia. Nele, a energia que dá vida a todas as coisas é chamada de "Palavra de Deus" e tem tudo a ver conosco.

Antes estava escuro, vazio e caótico. Mas, depois, Deus fala àquela desordem escura e faz pulsar a vida em todo seu esplendor.

Ordem extraída do caos.
Vida e luz extraídas da escuridão e do vazio.

Os primeiros cristãos acreditavam que em um momento específico da história do mundo, aquela "Palavra de Deus" doadora de vida se transformou em carne e sangue. Eles afirmavam que Jesus era aquela Palavra, aquela divina energia que deu vida ao Universo.

João inicia seu evangelho declarando que "todas as coisas foram feitas" por intermédio de Jesus. Está escrito em Hebreus 1 que Jesus é aquele "por meio de quem [Deus] fez o Universo". Em Colossenses 1, Jesus é "o primogênito sobre toda a criação". Em Efésios 4, é aquele que "subiu acima de todos os céus, a fim de encher todas as coisas". E, em 1Coríntios 8, está escrito que é aquele "por meio de quem vieram todas as coisas e por meio de quem vivemos".

Essas são proclamações grandiosas, mas assustam muita gente. No entanto, esse é o âmago da história de Jesus.

Se você acha difícil acreditar na natureza divina de Jesus, vale lembrar que isso pode estar relacionado ao tipo de universo em que você julga estar vivendo.

Você crê que o Universo está limitado ao que a mente pode compreender, ou acha que ele é uma realidade que está além da capacidade de entendimento do ser humano?

O seu universo é aberto, impressionante e maior que sua compreensão?

Você é uma pessoa aberta ou fechada?

Os primeiros cristãos acreditavam que quando alguém se encontrava com Jesus – o sábio judeu do primeiro século que ensinava, curava, formava discípulos e desafiava as autoridades a ponto de merecer a morte –, se encontrava também com a divindade em pele e osso, com a *Palavra* em carne e sangue.

Jesus, portanto, não era apenas uma nova filosofia.

Jesus não foi uma coisa que Deus resolveu criar de última hora para tentar salvar a espécie humana depois que ela bagunçou tudo por causa da liberdade que Ele concedeu.

Para os primeiros cristãos, Jesus era a demonstração definitiva do que Deus havia feito o tempo todo.

Paulo escreve em Efésios 1 que Cristo é um mistério que Deus nos revelou "de acordo com o seu bom propósito".

Que belo uso da palavra "propósito". Esse mistério começa com o propósito de Deus. E esse propósito nasce da vontade de Deus de "fazer convergir em Cristo todas as coisas, celestiais ou terrenas" (Efésios 1).

Convergir.
Todas as coisas.
Deus está trazendo o mundo de volta ao eixo
e está fazendo isso por meio de Jesus.

Em Colossenses 1, Paulo escreve que "Deus quis dar a conhecer entre os gentios a gloriosa riqueza deste mistério".

O emprego da palavra "gentios" (ou seja, não judeus) nesse trecho é significativo, pois, para muitos da tribo judaica do apóstolo, o que quer que Deus estivesse fazendo no mundo o fazia *para eles* e *por meio deles*.

A tribo deles.
O povo deles.
A fé deles.

Aqueles que acreditassem e vivessem como eles.

No entanto, nessa passagem, Paulo afirma que a obra que Deus está realizando por meio de Cristo é para todos, para todas as nações, todos os grupos étnicos, todas as tribos. Ele usa a expressão "gentios", que era a maneira de dizer "todo mundo" no século I.

Há algo oculto que foi revelado.

É um mistério que, em Romanos 11, Paulo não queira que "ignoremos", e, em Colossenses 2, seu desejo seja que as pessoas "alcancem toda a riqueza do pleno entendimento, a fim de conhecerem plenamente o mistério de Deus, a saber, Cristo".

Paulo deixa claro que esse mistério já existia antes da fundação do mundo. Em Romanos 16, ele fala do mistério oculto nos tempos passados, "agora revelado e dado a conhecer", enquanto, em Efésios 3, escreve que "esse mistério não foi dado a conhecer aos homens doutras gerações, mas agora foi revelado".

Portanto, há um mistério,
há algo oculto em Deus,
algo que já existia,
que era verdadeiro e estava presente com Deus,
e em Deus,
antes do início do tempo,
e esse mistério é alguém...
Cristo.
Jesus.

Torna-se óbvio, portanto, que Jesus é maior do que qualquer religião.

Ele não veio para dar início a uma nova religião; pelo contrário, sempre criticou as convenções, os sistemas e as instituições que existiam em sua época. Ele transcendeu os rótulos criados para aprisioná-lo, especialmente aquele chamado de "cristianismo".

De posse desse entendimento a respeito da verdadeira história de Jesus, podemos ver que Cristo leva a sério seu papel na salvação, reconciliação e redenção não apenas de todas as pessoas, mas de todas as coisas.

Ele diz em João 12: "Quando eu for levantado da terra, atrairei todos a mim."

Ele está seguro, confiante e disposto.
Todas as pessoas serão levadas a ele.

Em João 6, ao falar de sua própria vida, de seu próprio corpo, ele diz: "Este pão é a minha carne, que eu darei pela vida do mundo."

Ele toma isso de forma muito pessoal.
Ele deseja morrer "pela vida do mundo".

Jesus está presente em todas as culturas
e, no entanto, está fora de todas as culturas.

Ele veio para todas as pessoas
e, no entanto, recusa ser apropriado por qualquer cultura.

Isso inclui qualquer cultura cristã. Qualquer denominação. Qualquer igreja. Qualquer sistema teológico. Podemos apontá-lo, nomeá-lo, segui-lo, discuti-lo, crer nele – mas não podemos reivindicar que ele seja mais nosso do que é de qualquer outro grupo ou pessoa.

Na verdade, podemos chegar a ele de maneiras estranhas.

Imagine uma menina que estuda numa escola cristã, tem pais cristãos, amigos cristãos e participa do grupo jovem da igreja. Ela frequenta cultos e só lê livros religiosos.

Essa adolescente pode ficar tão anestesiada em relação a Jesus a ponto de se tornar incapaz de percebê-lo como a realidade impactante e subversiva que ele é. Ela já cantou tantos louvores a Jesus que seu nome perdeu o poder de inspirar.

Sua excessiva "proximidade" pode, no fim das contas, afastar.

Por outro lado, há cristãos que levantam ajuda financeira, arrecadam suprimentos e viajam milhares de quilômetros até os recônditos mais longínquos do planeta para compartilhar a mensagem de Jesus com "povos esquecidos", que, após ouvirem sobre Jesus pela "primeira vez", reagem desta forma: "Este é o nome dele? Nós estivemos falando dele aqui por muitos anos..."

Como Jesus disse no capítulo 10 do evangelho de João, "Tenho outras ovelhas que não são deste aprisco".

Isso não deveria nos surpreender. Paulo escreve na sua carta aos Colossenses que o evangelho "tem sido proclamado a todos os que estão debaixo do céu" (capítulo 1).

Todas as criaturas.
Debaixo do céu.

Tão amplo quanto a criação.
Incluindo todos.
O mundo inteiro.

Isso é crucial para entendermos a situação atual das religiões, com sua quantidade impressionante de seitas, subgrupos, facções e suas variadas interpretações.

As religiões não deveriam nos surpreender. Nós ansiamos por sentido, ordem e explicação. Buscamos desesperadamente uma ligação com alguma coisa ou alguém maior do que nós mesmos. Isso não é novidade. No meio desse amontoado de crenças e práticas religiosas, Jesus sustentou que Deus estava fazendo uma coisa nova na história humana, que ele era o veículo e que esta coisa nova envolvia o mundo todo.

João se lembrou de Jesus dizendo: "Eu sou o caminho, a verdade e a vida. Ninguém vem ao Pai, a não ser por mim" (capítulo 14).

O que Jesus não diz é como, quando ou de que maneira funciona o mecanismo para levar as pessoas a Deus por intermédio dele. Ele nem sequer diz se aquelas pessoas que vêm ao Pai saberão que isso está sendo feito por meio dele. Jesus apenas declara que é o instrumento de Deus para reconciliar, redimir, amar e restaurar o mundo.

Portanto, essa passagem bíblica é exclusiva ao insistir que apenas Jesus é o caminho para Deus. Mas é uma "exclusividade" que tem um lado de "inclusividade".

Primeiro, ela exclui porque:

Jesus é o único caminho. Todos os que não creem nele e não o seguem não estão salvos e não vão para o céu. Ou seja: ou você é salvo ou vai para o inferno. Dois grupos.

Depois, é inclusiva porque:

Abre brecha para todas as religiões, afirma que as pessoas boas estão salvas. Existe apenas uma montanha, mas vários caminhos. Esta visão defende que, se o coração de uma pessoa for bom e suas ações forem positivas, ela estará salva.

E é inclusiva *e* exclusiva ao mesmo tempo porque declara que Jesus é o único caminho, mas revela que o amor abrangente e salvador de Jesus alcança pessoas de todos os domínios culturais.

Quando a porta dos céus é aberta para muçulmanos, hindus, budistas e grupos considerados hereges, muitos cristãos se sentem incomodados, dizendo que, desta forma, Jesus deixa de ter importância e que aquilo em que se acredita perde o valor.

Não é verdade.

O que Jesus declara no evangelho de João é que ele,
e somente ele,
está salvando todo mundo.

Ele deixa a porta aberta. Bem aberta. Criando todo tipo de possibilidades. Ele é tão estreito quanto si mesmo e tão largo quanto o Universo.

Jesus é tão exclusivo quanto si mesmo e inclusivo o suficiente para abarcar cada partícula da criação.

Quando as pessoas usam o nome "Jesus", é importante perguntar de quem estão falando.

Elas estão se referindo a um símbolo ou a um personagem passivo e domesticado que levanta bandeiras e promove os valores que elas consideram importantes?
Estão se referindo ao seu impulso imperialista que deseja conquistar outros povos "em nome de Jesus"?
Estão se referindo ao logotipo ou slogan de seu sistema político, econômico ou militar, por meio do qual elas santificam sua cobiça e desejo de poder?

Ou estão se referindo à fonte primordial do Universo que caminhou entre nós e que continua a sustentar todas as coisas com seu amor, poder, graça e energia?

Jesus é próximo, íntimo e pessoal ao mesmo tempo em que é grande, amplo e transcendente.

Uma igreja é uma comunidade de pessoas que cria rituais específicos e promove experiências para manter a Palavra viva em seus corações. É uma congregação de crentes que ajuda a construir linguagens, símbolos e experimentos para a manutenção do mistério.

Quando se batiza uma pessoa, ela é submersa na água,
e, em seguida, trazida de volta.

A água significa a morte;
ser levantado dela significa vida.
Mergulhada como Cristo na sua morte,
erguida como Cristo na sua vida.

Quando se realiza a Eucaristia, ou Santa Ceia,
banhamos o pão no vinho,
representando e lembrando a doação que Jesus fez de sua vida.
Seu corpo,
seu sangue,
pela vida do mundo.
Nossos corpos, nossas vidas,
pela vida do mundo.

Esses rituais são verdadeiros para nós,
porque são verdadeiros para todos.
Esses rituais nos unem, porque unem a todos.

São sinais, vislumbres do que é verdadeiro para todas as pessoas, em todos os lugares, o tempo todo.

Jesus inclui o Universo inteiro em seu abraço.
Ele está dentro e fora do tempo.
Ele é a exposição em carne e sangue de uma realidade eterna.
Ele é o poder santo que está presente em todas as dimensões da criação.

Portanto, de que forma essa explicação sobre quem Jesus é e o que ele está fazendo se conecta com o céu, o inferno e o destino de todas as pessoas que já viveram?

Primeiro, não ficamos surpresos quando as pessoas encontram o mistério, onde e como quer que isso aconteça. Não ficamos escandalizados quando elas não usam a mesma linguagem que nós, e também não nos surpreendemos quando essas experiências têm grande impacto sobre elas, mesmo que ocorram de forma diferente das nossas próprias experiências com Jesus.

Pessoas chegam a ele por caminhos muito variados.

Algumas vezes, as pessoas chegam abruptamente a Jesus,
elas viajam no mistério,
atropelam a Palavra,
bebem água da rocha,
sem saber quem ela era.
Isso aconteceu no Êxodo,
e acontece hoje.

A última coisa que deveríamos fazer é subestimar ou desprezar um encontro honesto e autêntico com o Cristo vivo. Ele é a rocha, e nele existe água para o sedento, onde quer que esteja.

Não ficamos ameaçados por isso,
surpreendidos por isso
ou escandalizados com isso.

Algumas vezes as pessoas usam o seu nome.
Outras vezes, não.

Algumas vezes, as pessoas têm tanta proximidade com o nome de Jesus que quando elas encontram o mistério presente na criação – a graça, a paz, o amor, a aceitação, a cura, o perdão –, a última coisa que fazem é chamá-lo de "Jesus".

O que nós vemos Jesus fazer – em meio a constantes lembretes sobre a necessidade de segui-lo, de viver como ele e de confiar nele – é ampliar o raio de ação de sua obra salvadora.

Em Lucas 9, seus discípulos querem calar a boca de um homem que está expulsando demônios em seu nome, mas Jesus se opõe: "Não o impeçam, pois quem não é contra vocês é a favor de vocês." Jesus elogia a fé de um centurião romano; uma "mulher pecadora" compra um perfume muito caro para passar em seus pés e ele chama isso de adoração; e quando se encontra com um cobrador de impostos de má fama, Jesus diz que quer jantar na casa dele.

Jesus desafia, destrói e despreza continuamente quaisquer tradições, quaisquer preconceitos, quaisquer rótulos e quaisquer presunções.

Temos de ser responsáveis e cuidadosos para não fazermos julgamentos negativos e definitivos a respeito do destino eterno das pessoas. Como Jesus diz, "não vim para julgar o mundo, mas para salvá-lo" (João 12). Podemos usar o nome de Jesus, viver em torno dele, festejá-lo como o caminho, a verdade e a vida, e, ao mesmo tempo, respeitar o grande, amplo e generoso mistério que ele é.

O céu, afinal de contas, é cheio de surpresas.

Este mundo está sendo redimido,
o túmulo está vazio,
e uma nova criação está rompendo
aqui mesmo, no meio desta.

Jesus disse em Mateus 13 que essa nova realidade é como o fermento que trabalha lentamente no interior da massa. Na história que ele conta em Mateus 25, o mistério se esconde no maltrapilho, no faminto, no enfermo e no solitário. E, em outra parábola, também em Mateus 13, ele diz que o seu reino é como uma pequena semente de mostarda que vai crescendo, crescendo, até se tornar a maior das hortaliças.

Nem todos veem isso,
nem todos reconhecem isso,
mas todos são sustentados por isso.

Jesus é a resposta,
mas também é a pergunta,
a caça,
a procura,
a exploração,
a descoberta.

Ele é a rocha,
e nessa rocha existe água.

CAPÍTULO 7

A boa notícia

Aos domingos, depois do culto, costumo me sentar no canto do altar para conversar com as pessoas. Todas as semanas, uma mulher vem até mim e me entrega uma folha de papel dobrada. Ela sorri, nós conversamos por um ou dois minutos e ela vai embora. Seguimos esse ritual há alguns anos. Eu desdobro a folha na frente dela e leio o que está escrito.

Um número, com alguns comentários abaixo dele.

Algumas vezes o número é grande, como 174.

Outras, porém, é bem pequeno. Lembro que uma vez ela escreveu o número 2.

O número se referia a quantos dias se passaram desde que ela se cortou pela última vez. Aquela mulher lutava havia alguns anos contra o vício da automutilação. Ultimamente estava recebendo ajuda, embora ainda sofresse, umas semanas mais, outras menos.

Há pouco tempo ela me confidenciou que todos os homens com quem se envolvera a haviam agredido.

Portanto, quando essa mulher ouve alguma coisa sobre amor, ela acha estranho.

O que faz sentido.

Ela é agredida, ferida, abusada, desrespeitada – e depois ouve que Deus a ama incondicionalmente, sem reservas e sem que ela tenha de fazer nada para receber esse amor.

É difícil para ela acreditar nisso, tendo em vista o que recebeu do mundo.

Contei essa história para chegar a outra, que Jesus conta em Lucas 15. Um homem tem dois filhos. O mais novo exige receber sua parte na herança antecipadamente, e o pai não reluta em lhe dar. O rapaz pega o dinheiro, abandona o lar, esbanja tudo com bebidas e prostitutas, e um dia, falido e humilhado, volta para casa na esperança de ser aceito como um empregado da fazenda do pai. Este, surpreendentemente, o recebe de volta com todo amor, abraça-o e lhe oferece um banquete de boas-vindas com a carne de um novilho gordo, música, dança e tudo mais.

Quando o irmão mais velho volta da lida no campo e vê aquela festa, se recusa a participar. Ele reclama com o pai que nunca ganhara nem mesmo um cabrito para festejar com seus amigos. O pai, então, lhe diz: "Meu filho, você está sempre comigo, e tudo o que tenho é seu. Mas nós tínhamos que celebrar a volta deste seu irmão e alegrar-nos, porque ele estava morto e voltou à vida, estava perdido e foi achado."

Resolvi contar novamente essa parábola por causa da quantidade de histórias que se assemelham a essa.

O irmão mais novo conta sua versão da história para sair de casa. E quando volta, envergonhado, depois de torrar o dinheiro, ensaia o discurso que fará diante do pai. Ele está convencido de que "não é mais digno" de ser chamado de filho. É surpreendente, portanto, que seu pai lhe vista com a melhor túnica, coloque um anel em seu dedo e sandálias em seus pés. Embora o rapaz tenha acreditado que não poderia mais ser um filho, seu pai via a história de uma maneira diferente. Ele via o retorno, a reconciliação e a redenção.

O rapaz precisa decidir em que versão dos acontecimentos vai confiar: na sua ou na de seu pai. Ou seja: vai acreditar que não é mais digno de ser chamado de filho ou que ele é um filho de túnica, anel e sandálias, que estava morto e voltou à vida, que estava perdido e foi achado?

De fato, há duas versões dessa história.
A dele.
E a de seu pai.

Ele tem que escolher em qual delas vai viver.
Em qual ele acreditará.
Em qual confiará.

Acontece o mesmo com o irmão mais velho.
Ele também tem a sua versão da história.
Ele diz a seu pai: "Todos esses anos tenho trabalhado como um escravo ao teu serviço e nunca desobedeci às tuas ordens. Mas tu nunca me deste nem um cabrito para eu festejar com os meus amigos. Mas quando volta para casa esse teu filho... (ele não conseguiu pronunciar o nome do irmão) ..., que esbanjou os teus bens com as prostitutas, matas o novilho gordo para ele!"

Tanta coisa dita em tão poucas palavras. Alguém esteve guardando sentimentos por muito tempo e agora descarrega o seu veneno.

Segundo o ponto de vista do filho mais velho, ele trabalhou como escravo para o pai durante anos. É assim que ele sente a própria vida na casa do pai: como uma escravidão. Isso contradiz os poucos detalhes que a parábola fornece a respeito do pai, que aparenta ser tudo, menos um senhor de escravos.

Depois ele acusa o pai de nunca ter lhe dado nem sequer um cabrito. Um cabrito não tem muita carne e, assim, é um animal inadequado para uma comemoração. É seco e insípido. Esse discurso revela o que o irmão mais velho pensa de seu pai: que ele é mesquinho.

Finalmente, ele reclama que seu pai é injusto. Ele se sente ludibriado, diminuído e afrontado. E está furioso com isso.

Tudo com a maior festa rolando na fazenda.

O pai não se deixa abalar e responde calmamente: "Meu filho, você está sempre comigo, e tudo o que tenho é seu." E lhe explica por que é preciso comemorar.

"Você está sempre comigo,
e tudo o que tenho é seu."

Em uma simples frase, o pai consegue contar uma história completamente diferente sobre o filho mais velho.

Primeiro, ele não tem sido um escravo. Ele sempre possuiu tudo o tempo todo. Nunca precisou trabalhar, cumprir ordens ou se escravizar para obter o que foi seu o tempo todo.

Em segundo lugar, o pai não tinha sido mesquinho. O rapaz poderia usufruir de tudo o que quisesse, na hora que quisesse. Tudo o que pertencia ao pai sempre fora seu, o que incluía, é claro, novilhos gordos. Ele só precisava receber.

E, por fim, o pai redefine o que seja justiça. Não é que seu pai não tenha sido justo com ele; para começo de conversa, a intenção dele nunca foi ser justo.

Graça e generosidade não têm a ver com justiça. O pai enxerga o retorno do filho esbanjador como uma oportunidade para praticar *injustiça*. O filho pródigo não merece uma festa. Mas é assim que as coisas funcionam no mundo deste pai.

As pessoas ganham o que não merecem.

Festas são dadas para irmãos mais novos que desperdiçam suas heranças.

Apesar disso,
"você está sempre comigo,
e tudo o que tenho é seu".

O que o pai faz é recontar a história para o irmão mais velho. Da mesma forma como ele fez com o mais novo. Pergunto-lhe, então: o filho mais velho acreditará na sua versão da história ou confiará na versão de seu pai?

Em qual das duas ele confiará?
Em qual acreditará?

A diferença entre as duas histórias é, no final das contas,
a diferença entre céu e inferno.

A maioria das imagens que as pessoas fazem do céu e do inferno é concebida em termos de separação.

O céu está "lá em cima",
o inferno está "lá embaixo".

Dois lugares diferentes,
Um bem longe do outro.

Um está *à direita*,
e o outro *à esquerda*.

Mas, o que faz Jesus nessa história sobre o homem com dois filhos particularmente impetuosos? Jesus coloca o irmão mais velho na festa, recusando-se a confiar na versão do pai. Recusando-se a participar da celebração.

O inferno é estar na festa.
Isso é o que o torna tão infernal.
Não é uma imagem de separação,
mas de integração.

Nessa história, céu e inferno estão um dentro do outro,
entrelaçados, mesclados, golpeando-se.

Se o irmão mais velho estivesse ausente, sozinho em um campo distante, se lamentando sobre como tinha sido escravizado todos aqueles anos e desgostoso por nunca ter recebido do pai um cabrito para assar junto com seus amigos, ele estaria sozinho em seu inferno.

Porém, na história que Jesus conta, ele está na festa, com a música alegre ao fundo e as comemorações acontecendo na sua frente.

Há muita coisa que se pode aprender aqui
sobre céu,
inferno
e sobre a boa notícia.

Em primeiro lugar, uma observação sobre inferno.

Inferno é a nossa recusa em confiar na maneira como Deus conta a nossa história.

Todos nós temos nossa própria versão dos fatos – sobre quem somos, quem não somos, o que fizemos e o que isso representa para o nosso futuro.

Temos uma versão do nosso valor, da nossa dignidade e da nossa importância; das coisas que acreditamos sobre nós mesmos e às quais nos agarramos, apesar da dor e da aflição que elas provocam.

Algumas pessoas são perseguidas por pecados do passado. Abuso, traição, vício, infidelidade – segredos que estiveram enterrados durante anos. Já conheci diversas pessoas que me disseram que não poderiam ir ao culto porque "o teto desabaria sobre sua cabeça" ou "um raio as fulminaria".

Elas se ressentem de seus fracassos, falhas e vergonhas, como uma mancha que não sai com a lavagem. Têm uma convicção profunda e enraizada de que não são essencialmente boas.

Para outras, não é a sensação aguda de inadequação ou os seus pecados; é seu orgulho. Seu ego. Elas estão convencidas de sua grandeza e autonomia; não precisam de mais ninguém. Acreditam, muitas vezes, que Deus, Jesus e igreja são para os fracos, para aqueles que não vencem na vida e por isso se agarram às superstições como uma droga, como uma muleta emocional, como meio de fugir da responsabilidade por suas vidas patéticas.

Acreditamos em todo tipo de história sobre nós mesmos.

O que o evangelho faz é confrontar a nossa versão da história com a versão de Deus da nossa história.

O evangelho é uma história
honesta,
libertadora.
E é realmente uma notícia boa.

Ela começa com a verdade de que somos amados,
apesar do que possa estar errado conosco.

Ela se espalhou por todos os lugares do mundo,
apesar dos nossos pecados,
das nossas falhas,
da nossa rebeldia
e da dureza do nosso coração.

Apesar do que fizeram conosco ou do que nós próprios fizemos,
Deus trouxe sua paz até nós.

Inteira. Completa.
Como Jesus disse: "Está consumado."

Somos convidados a viver uma nova vida sem culpa, vergonha, acusação ou ansiedade. Nós vamos ficar bem. De todas as concepções do divino, de toda palavra que Jesus poderia colocar nos lábios de Deus, nesta parábola ele conta aquilo que ele ouve o pai dizer:

"Você está sempre comigo, e tudo o que tenho é seu."

O irmão mais velho ficou apegado à sua versão dos acontecimentos por muito tempo; era difícil para ele conceber qualquer outra maneira de ver as coisas.

E, portanto, as palavras de seu pai, que são generosas e amáveis, também são difíceis e surpreendentes.

Novamente, então, criamos o inferno sempre que deixamos de confiar na versão de Deus sobre nossa história.

A dificuldade do irmão mais velho em acreditar vem de sua visão distorcida de Deus.

Essa parábola tem tudo a ver com a nossa própria história. Milhões de pessoas já ouviram que Deus amou o mundo de tal maneira que deu seu Filho para salvá-lo, e que se aceitarem e crerem em Jesus poderão ter um relacionamento com Deus.

Bonito.

Porém, há mais que isso.

Milhões de pessoas foram ensinadas que se não crerem, se não abraçarem o modelo de vida que o pastor lhes orienta, Deus não terá alternativa além de castigá-las eternamente em um tormento consciente no inferno.

Deus se tornaria completamente diferente no momento em que morressem.

Um pai celestial amoroso que vai a extremos para criar um relacionamento com seus filhos em um piscar de olhos se transforma em um atormentador cruel, perverso e maldoso que faz tudo para que elas não escapem de uma agonia sem fim.

Se conhecêssemos um pai terreno assim, chamaríamos a polícia.

Se conhecêssemos um pai humano que agisse de modo tão inconstante, entraríamos em contato com o conselho tutelar.

Se Deus pudesse mudar de atitude com tamanha rapidez, isso levantaria milhares de questões sobre como alguém assim poderia ser confiável – para não dizer bom.

Amoroso em um momento, perverso no outro.

Cuidadoso e compassivo, que se torna cruel e implacável de uma hora para outra.

Deus pode se tornar tão diferente no momento da nossa morte?

Esse Deus é simplesmente decepcionante.
Psicologicamente insuportável.
Não podemos aguentar isso.
Ninguém pode.

Este é o segredo que está no fundo do coração de muita gente, principalmente dos cristãos: eles não amam a Deus. Eles não podem amá-Lo porque o Deus que lhes foi apresentado não é passível de ser amado. Ele é assustador, traumatizante e insuportável.

Porque, se alguma coisa está errada com o seu Deus,
se Ele é amoroso em um momento e cruel no seguinte,
se castiga pessoas durante toda a eternidade por pecados cometidos em poucos anos,
nenhuma quantidade de marketing pessoal
será capaz de encobrir essa
verdadeira, indefensável, inaceitável e pavorosa realidade.

Inferno é a recusa em confiar, e esse ato em geral tem raízes em uma visão distorcida de Deus. Algumas vezes, o motivo de as pessoas negarem o evangelho é a suspeita de que o Deus que se esconde atrás de Jesus não é confiável, amoroso ou bom.

Ele não faz sentido, não pode ser reconciliado, e por isso elas dizem não. Elas não querem ter nada a ver com Jesus porque não querem ter nada a ver com esse Deus.

O que se pode extrair da parábola é que as nossas crenças nos moldam, nos direcionam e determinam nossa vida.

Ou confiamos na nova história que Deus conta sobre nós,
ou nos apegamos à nossa velha versão da história.
E, para confiar no relato de Deus,
precisamos, antes, confiar em Deus.

É importante fazer alguns comentários aqui.
Primeiro, sobre nossas escolhas.
Somos livres para aceitar ou rejeitar o convite de Deus para uma nova vida.
É uma escolha nossa.

Estamos na festa,
mas não temos que participar dela.

Céu ou inferno.
Ambos na festa.

Há consequências para o irmão mais velho,
assim como há para nós.

Rejeitar a graça de Deus,
virar as costas para o amor de Deus
e resistir à versão de Deus
nos conduzirá para o mistério.
É uma forma de punição em si mesmo.

Esse é um assunto fundamental porque, ao falarmos sobre como Deus é, não podemos deixar de mencionar sua essência, que é amor. Esse amor pode ser recusado, rejeitado, negado e evitado, o que nos trará outra realidade. Agora e depois.

Nós temos essa liberdade.

Quando as pessoas dizem que estão cansadas de ouvir sobre "pecado", "julgamento" e "condenação", muitas vezes é por causa daqueles que confundiram sua cabeça em relação à essência de Deus. Não é da natureza Dele desejar trazer dor e agonia a alguém.

Deus nos faz um convite,
e somos livres para fazer com ele o que quisermos.

Dizer sim nos levará a uma direção;
dizer não nos levará a outra.

Deus é amor,
e rejeitar esse amor nos levará para longe dele,

para a direção contrária,
para uma realidade infernal e sem amor.

Quando confundimos a natureza de Deus, que é amor, com as consequências de rejeitar e resistir a esse amor, causamos um grande mal a nós mesmos, o que provoca aquilo que chamamos de "inferno".

Em segundo lugar, para deixar as coisas mais claras, é preciso distinguir "entrada no céu" e "alegria".

Deus é amor.
E amor *é* relacionamento.
Esse relacionamento é de alegria e não pode ser reprimido.

É a mesma sensação de quando vemos alguma coisa deslumbrante e nos viramos para quem está ao nosso lado e dizemos: "Isso não é magnífico?" Essa pergunta é um convite para que a pessoa compartilhe da nossa alegria. O prazer que estamos experimentando não pode ser contido. Ele transborda; ele nos leva a envolver os outros na experiência.
Nós temos que compartilhá-lo.

Deus gera alegria e paz infinita porque a vida que emana de seu coração é compartilhada conosco.

Jesus nos convida a entrar nesse relacionamento, que está no centro do Universo. Ele garante que está unido a Deus e afirma que nós também podemos estar unidos a Ele e que a vida é uma realidade abundante e generosa. Esse Deus de quem Jesus fala sempre esteve procurando colaboradores, pessoas apaixonadas por participar da permanente criação do mundo.

Portanto, quando pensamos que a palavra de Deus se restringe a uma questão de definir se uma pessoa vai ou não para o céu, isso reduz as boas-novas a um simples tíquete de entrada, uma forma de evitar que penetras arruaceiros entrem na festa.

A boa notícia é bem melhor do que isso.

Quando o evangelho é compreendido em termos de "entrada" em vez de participação alegre, ele pode isolar as pessoas da experiência intensa e libertadora com o Deus que é um doador infinito de alegria e criatividade.

A vida nunca foi apenas uma questão de "entrar". Viver é gozar do bom mundo de Deus. Viver é ter quietude, tranquilidade e paz interior, mas, ao mesmo tempo, é ter aquela excitação de perguntar, de aprender coisas, de criar e de compartilhar tudo isso com outros que estão vivenciando o mesmo tipo de alegria.

Jesus chama seus discípulos para continuarem entrando nessa vida de alegria e paz enquanto transforma nossos corações, até que essa seja a maneira mais natural de viver que possamos imaginar. Até que ela se torne a nossa própria natureza. Até que incorporemos e pratiquemos naturalmente os modelos de comportamento e atitude na era que há de vir. Uma discussão sobre como "entrar no céu" não tem lugar na vida de um discípulo de Jesus, porque não é a parte mais importante do evangelho.

Resumir o evangelho à "entrada" no céu não gera inovação nem outras coisas boas. É uma visão rasa do mundo, porque é uma visão rasa de Deus. É uma imaginação atrofiada.

Um ressentimento silencioso pode aflorar pela constatação de que as pessoas estão se sacrificando por Deus, enquanto outras são absolvidas com facilidade. O inferno pode se tornar um meio de explicar tudo isso: "Aquela gente lá fora pode estar indo a festas e parecendo se divertir enquanto nós fazemos a obra de Deus, mas, no futuro, nós iremos para o céu, onde *não teremos que fazer nada*, e aquelas pessoas irão para o inferno, onde finalmente *vão ter o que merecem.*"

Ao longo dos anos, conheci líderes cristãos estressados – que não se importam com sua relação conjugal, que deixam os filhos em casa enquanto vão para a igreja, que não tiram férias há anos. Tudo porque, assim como o filho mais velho da parábola, se enxergam como escravos de Deus. Eles acham que creem nas coisas certas e que por isso estão "salvos", mas essa crença não lhes deu a vida que deveriam ter, e eles se tornaram amargos. No fundo, acham que Deus os deixou na mão. Mas não podem compartilhar isso com ninguém porque eles são os líderes que supostamente têm todas as respostas. E então sofrem calados, conformando-se com essa "boa notícia".

Deus não é um senhor de escravos.

A distinção entre entrada e alegria tem outra implicação séria, que está relacionada com a maneira como contamos a história. Quando a ressurreição de Jesus é experimentada, não é possível parar de falar sobre ele. A alegria que preenche todo o Universo nos toma por inteiro e de uma forma muito natural se deseja que os outros encontrem esse Deus. Esta é uma maneira de falar de Deus que vale a pena.

Este é o problema com alguns deuses – não se sabe se eles são bons, e como se pode contar para os outros uma história que não está sendo boa para si mesmo?

Testemunhando, evangelizando, compartilhando a fé – quando percebemos que Deus recontou a nossa história, nos sentimos livres para contar essa nova história porque estamos pisando em um terreno completamente novo e somos inspirados a compartilhá-lo. Quando o nosso Deus é o amor e experimentamos esse amor em carne e sangue, ficamos livres da culpa, do medo e daquela voz aterrorizante e deplorável que sussurra em nossos ouvidos: "Você não fez seu melhor." A voz insinua, no final das contas, que Deus é um senhor de escravos.

Não tenha nada a ver com esse Deus.

Nós somos convidados a acreditar na nova história agora,
de forma que podemos tomar parte nesse tipo de amor capaz
de alcançar o mundo todo.

Isso nos leva a outra questão, que nos remete à pergunta recorrente:

Como é Deus?

Muitos aprenderam que o evangelho discorre sobre salvamento e resgate. Deus tem que castigar os pecadores porque Ele é santo, mas Jesus pagou o preço por nossos pecados, para que pudéssemos ter a vida eterna. Por mais teologicamente correto ou incorreto que isso seja, o que essa visão da Bíblia pode fazer é ensinar às pessoas que Jesus nos resgata de Deus.

Vamos ser muito claros: não precisamos ser resgatados de Deus. É Ele quem nos resgata da morte, do pecado e da destruição. Ele é o *resgatador*.

Essa compreensão é crucial para encontrarmos a paz, porque nós moldamos o nosso Deus e o nosso Deus nos molda.

Inquisições, perseguições, julgamentos, queima de livros, listas negras – quando os religiosos ficam violentos é porque eles foram moldados pelo Deus deles, que é violento. Nós vemos este molde destrutivo em plena atividade na natureza perversa e venenosa de certos debates religiosos. Para alguns, a expressão de mais alta lealdade ao seu Deus é atacar, difamar e denegrir aqueles que não creem da mesma maneira que eles.

Uma visão distorcida de Deus pode deixar uma pessoa fora da festa, amargurada por nunca ter recebido um cabrito para compartilhar com os amigos, sem desfrutar da vida que Jesus ensina que está aqui mesmo,
à nossa volta,
o tempo todo.

Jesus foi muito claro ao sinalizar que essa compreensão destrutiva e violenta de Deus pode facilmente ser institucionalizada em igrejas, sistemas e pensamentos. É importante que sejamos honestos a respeito desse assunto, porque algumas igrejas não são doadoras de vida, mas sugadoras de criatividade, alegria e amor.

Esse Deus é zangado, exigente, mal-humorado, um senhor de escravos, e, portanto, a religião desse Deus se torna um sistema de gerenciamento de pecados que deturpa os fatos para evitar a ira vindoura que se esconde por trás de cada esquina.

Nós moldamos o nosso Deus,
e, então, nosso Deus nos molda.

Aquilo em que cremos tem importância.
Tem importância para nós, agora,
tem importância para nós, depois.

Aquilo em que cremos tem importância
para os outros, agora,
e tem importância para os outros, depois.

Há ainda outra dimensão para o Deus violento e exigente, aquele de quem Jesus precisa nos resgatar. Nós vemos isso nas palavras do irmão mais velho quando ele declara que "nunca desobedeceu às ordens" do pai. É fácil perceber a ansiedade nessa sua alegação, a imaginação paranoica de que seu pai estava lhe espreitando o tempo todo, esperando para pegá-lo em alguma falta ou desobediência. O Deus violento cria uma profunda preocupação nas pessoas. Supostamente, Deus existe para nos trazer paz, mas, no final, o Deus violento que foi moldado por algumas pessoas pode facilmente produzir seguidores rígidos, implacáveis, assustados ou catatônicos. Tome sempre cuidado para não cometer erros ou dar a esse Deus alguma razão para se irar, porque sabe-se lá como ele pode reagir.

Jesus nos liberta de tudo isso,
porque o seu amor simplesmente dissolve todo o medo.
Mais uma vez, as palavras do pai na história,
aquele que alegre e generosamente declara:
"Você está sempre comigo, e tudo o que tenho é seu."

Há outra verdade aqui,
além do céu, do inferno, da ansiedade e da violência.
É uma verdade que está no coração do evangelho,
uma verdade que tanto conforta quando desafia,
tanto cura quanto amedronta.

Cada um dos irmãos da parábola tem a sua própria versão dos acontecimentos, a sua própria maneira de contar a história.

Mas suas histórias estão distorcidas
porque eles não entenderam a natureza de seu pai.
Há outra razão pela qual as histórias deles não são verdadeiras,
que é menos baseada na natureza de Deus
e mais baseada nas crenças dos filhos sobre si mesmos.

O irmão mais novo acredita que foi banido da família
e que não merece ser mais filho de seu pai
pelas coisas terríveis que fez.

Ele acredita que a maldade é o seu problema.

Ele torrou o dinheiro em uma vida devassa até que encontrou a sarjeta, lançando o nome de sua família na lama. Ele está convencido de que suas ações destrutivas o colocaram em uma posição tão ruim que ele sequer *merece* ser chamado de filho.

O irmão mais velho, por outro lado, acredita que *merece* ser um filho por todas as boas ações que tem feito, pelas regras que tem obedecido, por todo o tempo que se deixou ser "escravizado" por seu pai.

Ele acredita que a bondade é o seu crédito.

Os equívocos do irmão mais novo o levaram a sair de casa, a ir para longe de sua família e se afundar na miséria. Isso é verdade.

Seus pecados o separaram de seu pai.

A outra verdade, que é muito mais sutil e também mais tóxica, é que o irmão mais velho também está separado de seu pai, embora tenha permanecido em casa.

O problema dele é a sua "bondade".

A confiança nas suas próprias obras e no fato de ter cumprido rigidamente regras e leis acabou servindo, na verdade, para afastá-lo do pai.

O que podemos apreender em seu discurso irritado é que ele acreditava que seus anos de serviço e escravidão o fariam alcançar uma boa posição perante o pai.

Ele acha que seu pai o ama por sua obediência.
Ele acha que tem merecimento pelos trabalhos que fez.
Ele acha que seu pai lhe é devedor.

Nossas maldades podem nos separar do amor de Deus, claro,
mas nossas bondades também podem nos separar dele.

Nenhum dos irmãos compreende que o amor do pai nunca dependeu dessas coisas. O amor do pai não pode ser comprado e não pode ser perdido.

Ele apenas existe.

O amor do pai é uma festa,
um banquete,
uma celebração,
um fato sem começo nem fim.

Ele continua,
pela noite afora,
pelo dia seguinte,
e pelo seguinte,
infinitamente.

Os pecados mais profundos e terríveis de qualquer pessoa, seus segredos vergonhosos, se tornam irrelevantes quando se trata da proclamação gloriosa do evangelho.

Da mesma forma, a bondade, a vida consagrada, a presença na igreja e todas as decisões e atitudes sábias, corretas e maduras que uma pessoa pode tomar.

Nada disso importa quando se trata da declaração surpreendente, impactante e inesperada de que o amor de Deus simplesmente é seu.

Nada resta àqueles dois irmãos além de confiar no que o pai está lhes mostrando.

Como Paulo escreve em Filipenses 3:
"Vivamos de acordo com o que já alcançamos."

O pai já cuidou de tudo.
Tudo está lá,
pronto,
esperando.
Sempre esteve lá,
pronto,
esperando.

Nossa confiança,
a mudança em nosso coração
e a crença na versão de Deus da nossa história
não é o que traz a vida de Deus à existência,
ou que a faz acontecer,
ou que a cria.

A vida sempre esteve lá.

Na cruz, Jesus disse,
"Pai, perdoa-lhes, pois não sabem o que estão fazendo" (Lucas 23).

Jesus perdoa a todos,
mesmo que eles não tenham pedido.

Tudo feito. Tudo providenciado.

Antes que pudéssemos ser bons o bastante ou justos o suficiente,
antes que pudéssemos até mesmo acreditar nas coisas certas,
estava tudo feito.

O perdão é unilateral.
Deus não está esperando por nós para acertar as coisas,
para limpar, dar forma, levantar.
Ele já fez isso.

Como está escrito em 2 Coríntios 5: "Deus em Cristo estava reconciliando consigo o mundo, não levando em conta os pecados dos homens."

Em 2 Timóteo 1 se lê: "Deus [...] nos salvou [...] não em virtude das nossas obras, mas por causa da sua própria determinação e graça."

Em Romanos 5, Paulo ensina: "No devido tempo, quando ainda éramos fracos, Cristo morreu pelos ímpios."

E em Tito 3 está escrito: "Quando, da parte de Deus, nosso Salvador, se manifestaram a bondade e o amor pelos homens, não por causa de atos de justiça por nós praticados, mas devido à sua misericórdia, ele nos salvou."

Não por qualquer coisa que tenhamos feito
quando ainda éramos fracos.
Mas por causa da sua misericórdia.

Nós fomos salvos em nossa morte
e em nossa vida.

Em nossa libertação do ego
e em nosso apego a ele.
Em nossa pequenez
e em nossa grandeza.

Jesus nos encontra e nos redime em todos os caminhos que acertamos e em todos os caminhos onde erramos; em todas as vezes que exibimos nossa bondade, grandeza e justiça e em todas as vezes que escondemos o rosto de vergonha.

É apenas quando você perde a vida que a encontra,
Jesus disse.

A única coisa que nos resta é confiar.
Todos já estão na festa.
Céu e inferno,
aqui,
agora,
em torno de nós,
acima de nós,
dentro de nós.

Em que versão da história aquela mulher que me entrega uma folha de papel todos os domingos vai confiar? Na versão de todos os homens que a humilharam, que a espancaram, que a desprezaram? Ou na outra, em que ela é amada, valorizada, perdoada, pura e bela?

Se você estivesse sentado ao meu lado no domingo de manhã,
segurando aquela folha de papel que ela entregou,
eu sei como você reagiria.
Você contaria outra história àquela mulher,
uma história melhor.

Com certeza.
Agora, olhe para si mesmo.
Porque todos temos um pouco daquela mulher.
Nós também entregamos a Deus nossa folha de papel
e escutamos enquanto ele nos conta uma história melhor.
Porque as boas-novas são melhores do que isso.

CAPÍTULO 8

O fim está aqui

AFINAL CHEGAMOS AO ÚLTIMO CAPÍTULO. O fim está aqui. Nós exploramos uma grande variedade de assuntos, indo do céu e do inferno até Deus, Jesus, alegria, violência, entre outros.

Vou então contar mais uma história para encaminhar o final.

Certa noite, quando ainda estava no ensino fundamental, eu orei, ajoelhado no meu quarto. Com meus pais ao lado, eu convidei Jesus a entrar em meu coração. Eu disse a Deus que acreditava ser um pecador, que eu sabia que Jesus veio à terra para me salvar e que queria me tornar um cristão.

Eu ainda me lembro daquela oração.
Ali, alguma coisa aconteceu comigo.
Alguma coisa mudou *dentro* de mim.

De uma maneira inocente, acreditei que Deus me amava, que Jesus veio para me mostrar esse amor e que eu estava sendo convidado a aceitá-lo.

Hoje, tenho plena consciência de que fui moldado pelo ambiente em que vivia, de quão infantil e ingênuo eu era e de como é fácil menosprezar as experiências religiosas movidas pela emoção. Sem muito esforço, uma pessoa é capaz de desconstruir uma experiência como aquela, salientando todos os ingredientes presentes na oração, como a vontade de agradar aos pais e o poder da religião de influenciar uma criança. No entanto, uma coisa não pode ser negada: o que aconteceu naquela noite em meu quarto foi real. Aquele momento representou na época algo importante, e continua a ter um profundo valor para mim. Aquela oração foi um divisor de águas em minha vida.

Eu conto essa história tão pessoal porque acredito que o indestrutível amor de Deus é uma realidade dinâmica e aberta, e que cada um de nós, sem exceção, está sendo continuamente convidado a confiar, aceitar, acreditar, abraçar e experimentar essa verdade. Quaisquer que sejam as palavras que você escolha para expressar sua confiança, Jesus as recebe como um "sim" para o grande amor de Deus, sempre, sempre e sempre.

Quando experimentamos esse amor, por vezes surge a tentação de nos tornarmos hostis à nossa antiga maneira de pensar, ficamos incomodados por termos sido "simplórios", "ingênuos" ou "manipulados". Nosso antigo entendimento não deve ser negado ou desprezado; e sim acolhido. Aquelas experiências fazem parte da nossa trajetória. O amor exige que façam. Era naquele ponto da vida que estávamos quando Deus nos encontrou. Aqueles pontos de vista foram necessários para que chegássemos até aqui, neste lugar e neste tempo. O amor nos liberta para abraçarmos toda nossa história, a história onde todas as coisas se tornam novas.

O grande desafio é confiar que somos amados, que uma palavra nova foi dita a nosso respeito e que uma nova história está sendo contada sobre nós.

A palavra "confiar" é rara em nosso vocabulário.

Cinismo e ceticismo nós conhecemos bem. Sabemos como analisar, identificar e rejeitar coisas e pessoas inconsistentes. Somos bons nisso. Já embarcamos em várias canoas furadas e, com o tempo, aprendemos a não baixar a guarda e a não acreditar facilmente em nada. Assim, confiar passou a ser uma língua estranha para nós.

Jesus, porém, nos convida a confiar que o amor que temíamos ser bom demais para ser verdade é mesmo bom demais e é verdade. Está escrito na primeira carta de João na Bíblia que "ainda não se manifestou o que havemos de ser" (capítulo 2). Jesus nos convida para sermos atraídos para o seu amor enquanto ele nos entalha, nos forma e ocupa cada palmo de nossa vida. Jesus nos chama para nos arrependermos, nos faz abrir a mente e o coração para que vejamos tudo de maneira diferente.

Isso implica uma morte,
uma humilhação,
deixar a velha mente para trás
e, ao mesmo tempo, exige uma abertura,
uma perda de controle,
um deixar-se levar,
para que possamos receber,
nos expandir,
encontrar,
ouvir,

enxergar
e desfrutar.

Esse convite não requer nada além deste momento e, no entanto, é extremamente urgente. Jesus contou inúmeras histórias sobre essa urgência nas quais as coisas não acabaram bem para as pessoas envolvidas. Um homem enterra o tesouro que lhe foi confiado em vez de fazer alguma coisa com ele e, como resultado, é "lançado nas trevas exteriores". Cinco noivas despreparadas para a chegada tardia do noivo acabam não conseguindo entrar na festa de casamento e ouvem estas palavras assustadoras: "A verdade é que não as conheço." Bodes são mandados para longe, para bem distante das ovelhas; arrendatários de uma vinha têm a terra tomada; e o joio que cresceu onde o trigo é colhido "é atado em feixes para ser queimado".

Essas são imagens fortes e contundentes de julgamento e separação nas quais as pessoas perdem recompensas, celebrações e oportunidades. Jesus conta essas histórias para nos despertar para a verdade de que a vida anda para a frente e não para trás ou para os lados. A ocasião não se repete. Nem a vida.

Enquanto a graça continuar aguardando para nos levantar do chão depois de cairmos, haverá realidades à nossa escolha. Enquanto pudermos ter outras oportunidades, não veremos *aquela* na nossa frente de novo. Aquele momento específico passará e não o veremos outra vez. Ele vem, ele está aqui, ele vai e, depois, ele se vai completamente. Jesus nos lembra de diversas maneiras que é fundamental fazermos nossas escolhas aqui e agora da maneira mais séria que pudermos, porque elas importam mais do que podemos imaginar.

O que quer que você tenha ouvido sobre o fim –
o fim de sua vida,
o fim dos tempos,
o fim do mundo –,
Jesus nos encoraja apaixonadamente a viver como se o fim estivesse aqui,
agora,
como se fosse hoje.

Amor é o que Deus é,
amor é a razão da vinda de Jesus,
e amor é a razão por que ele continua a vir,
ano após ano, para pessoa após pessoa.

Amor é a razão de eu ter escrito este livro
e amor é o motivo por que quero que você o leia.

Que você possa desfrutar desse amor amplo, extenso, infinito
e indestrutível que tem sido seu o tempo todo.
Que você possa descobrir que esse amor é tão grande quanto
o céu e tão pequeno quanto os segredos do seu coração.
E que você possa ter a certeza,
no fundo da sua alma,
de que o amor sempre vence.

Agradecimentos

Milhões de obrigados a:

Erwin McManus, pelo sábio conselho naquele restaurante cubano de Los Angeles no verão de 2005.

Jon Bell e Brian Mucci, por insistirem, durante aquela viagem de carro de Chicago para casa, que chegara o momento.

Rob Strong, por ter passado vinte anos dizendo exatamente as coisas que eu precisava ouvir.

Jim Olson, por aquela conversa no ônibus.

Dr. Tandy Champion, Shane Hipps, Brad Gray, Mark Baas, Don Golden, Matt Krick, Dr. Dave e Linda Livermore, Lucy Russo, Gabor George Burt e todos que eu não consigo lembrar o nome neste momento, que leram algum rascunho e ofereceram novas perspectivas.

Alex e Tom, por terem me escutado ler um rascunho inicial em voz alta.

Zach Lind, pelo entusiasmo constante.

Todo o clã dos Bell, Childress e Olsson, por seu amor e apoio, e especialmente para meus pais, Rob e Helen, por sugerirem que eu lesse C. S. Lewis quando cursava o ensino médio.

Minha irmã, Ruth Olsson, pelas conversas sobre a pintura da casa da nossa avó.

Chris Ferebee, por manter a calma por dez anos.

Mickey Maudlin, por transmitir sua paixão de editor, rascunho após rascunho.

Mark Tauber, Claudia Boutote, Laina Adler, Michele Wetherbee, Mandy Chahal, Katy Renz, Lisa Zuniga e todos os colegas da HarperOne em San Francisco, por acreditarem neste livro desde o começo.

Mike Volkema, por me contar histórias sobre liderança.

Todos da Igreja Mars Hill; como eu poderia agradecer a vocês por tudo o que me deram?

Kristen, você está livre na quinta à noite?

CONHEÇA OUTROS TÍTULOS DA EDITORA SEXTANTE

Mais perto de Deus

Darin Hufford

Você já temeu que Deus o condenasse por seus pecados ou se perguntou por que Ele o abandonou no momento em que você mais precisava de apoio?

Mesmo que diga sim a essas perguntas, isso não significa que você seja infiel, ingrato ou descrente: apenas confirma o que Darrin Hufford revela nesse livro: mentiram para nós a respeito de Deus.

Ao longo de muitos anos, a igreja manipulou as palavras da Bíblia e distorceu a mensagem de Cristo. Assim, deu origem a uma religião que traz mais culpa que paz, mais medo que amor.

O resultado disso foi um vazio profundo na alma das pessoas, que se perguntam como Deus pode ser bom e amoroso, se é capaz de nos condenar ao inferno se não obedecermos aos seus mandamentos.

Nesse livro transformador, você verá que não precisa fazer nada para merecer o amor de Deus. Ele não vai julgá-lo nem penalizá-lo por seus erros. Deus é amor, e quando entendermos isso, seremos livres para amá-Lo por escolha, não por medo ou obrigação.

A partir de uma das mais belas passagens da Bíblia – I Coríntios 13 –, Hufford descreve as características de Deus e nos faz sentir amparados e protegidos de uma maneira que jamais experimentamos. Além disso, nos faz ver que, para entender a essência de Deus, precisamos abrir o coração e compreender o verdadeiro sentido do amor.

O CHAMADO DE JESUS

Sarah Young

Durante muitos anos a missionária Sarah Young escreveu um diário de orações, mas desejava sentir mais fortemente a presença de Jesus. Então resolveu se sentar em silêncio e "escutar" o que Ele tinha a dizer.

Com caneta em punho, Sarah embarcou numa jornada que mudaria para sempre sua vida – e a de muitas pessoas ao redor do mundo.

Com 3 milhões de exemplares vendidos, esse livro apresenta as palavras que Jesus plantou amorosamente no coração dela. São mensagens de incentivo, conforto e esperança, que a tornaram mais consciente da presença do Senhor e permitiram que alcançasse a paz interior.

Jesus também o está chamando. Talvez você sinta necessidade de criar uma conexão mais profunda com Deus. Ou pode ser que Jesus lhe pareça distante, sem que você entenda o motivo desse afastamento.

Os 365 textos retirados do diário de orações de Sarah são uma leitura valiosa que vai fazer com que você se aproxime de Jesus, transformando sua relação com Ele de um monólogo em um diálogo.

Cada mensagem é escrita como se o próprio Jesus estivesse falando com você. Porque Ele realmente está. Você ouve o Seu chamado?

A história

The Zondervan Corporation

A Bíblia é o livro mais vendido de todos os tempos. Acredita-se que já foram comercializados mais de 5 bilhões de exemplares. Mas são poucas as pessoas que já a leram inteira, do começo ao fim.

Isso acontece porque, além de usar uma linguagem metafórica e complexa, os textos que a compõem não foram escritos por um único autor nem de forma linear, e foram produzidos em momentos históricos completamente diferentes, ao longo de mais de mil anos.

Por todos esses motivos, muita gente que tem vontade de ler os textos sagrados não o faz, sem saber por onde começar. Se você é uma dessas pessoas, finalmente vai ter a chance de conhecer as Escrituras e compreender a sequência dos acontecimentos e o contexto em que estão inseridos.

Compilando toda a história bíblica em capítulos curtos e organizando-os em ordem cronológica, esse livro utiliza trechos retirados da própria Bíblia, o que significa que não se trata de uma interpretação ou de uma releitura. O que você vai encontrar nessas páginas *é* a Bíblia, porém estruturada de forma mais simples e direta.

Trazendo notas explicativas, uma lista dos personagens com suas biografias, comentários e perguntas para reflexão, esse livro é um valioso instrumento para todos aqueles que sempre quiseram estreitar seu relacionamento com Deus mas não conseguiam compreender a sua palavra.

Repleto de amor, ódio, guerra, dramas e milagres, *A História* conta a *nossa* história – a mais bela e transformadora de todos os tempos.

Jesus, o homem mais sábio que já existiu

Steven K. Scott

Assim como o sol pode cegar nossos olhos para um céu cheio de estrelas, a divindade de Jesus pode nos impedir de enxergar a grandeza de sua vida humana. Costumamos nos concentrar em suas mensagens espirituais e nos esquecemos do incrível exemplo de superação, coragem, liderança e perseverança que ele nos deu.

Nesse livro, Steven K. Scott revela os tesouros escondidos na trajetória do filho de Deus sobre a Terra, aproximando-o das experiências do dia a dia pelas quais todos passamos.

Conhecer a história de Jesus à luz de seus valores como ser humano traz benefícios extraordinários: além de nos tornar pessoas melhores, nos ensina a construir relacionamentos mais profundos e a amar verdadeiramente aqueles à nossa volta.

Com um texto envolvente e histórias inspiradoras, o autor nos convida a repensar nossa conduta e a descobrir uma nova forma de alcançar nossos sonhos.

Salomão, o homem mais rico que já existiu

Steven K. Scott

Embora a Bíblia seja citada a todo instante, a sabedoria contida nela é pouco conhecida pela maioria das pessoas. Consciente da riqueza de conselhos que ela encerra, Steven K. Scott apresenta nesse livro valiosos princípios de vida retirados da história de Salomão.

Nascido por volta de 974 a.C., Salomão foi coroado rei de Israel com apenas 12 anos de idade. Segundo o Antigo Testamento, Deus apareceu para ele e lhe permitiu pedir o que quisesse, mas o jovem quis apenas sabedoria para governar seu povo. Fascinado com tamanha humildade, Deus o transformou no homem mais rico, sábio e vitorioso de todos os tempos.

Salomão agia de acordo com determinadas regras de conduta que foram registradas no Livro dos Provérbios e que devem ser seguidas por aqueles que desejam construir uma vida feliz, íntegra e bem-sucedida.

Nesse livro, o autor faz uma análise dos principais ensinamentos de Salomão, mostrando como eles podem ajudar você a conquistar seus objetivos, resolver conflitos, melhorar seus relacionamentos, aumentar sua capacidade de comunicação, conquistar a independência financeira e, principalmente, desenvolver a riqueza espiritual e a paz interior.

Jesus, o maior psicólogo que já existiu

Mark W. Baker

Jesus, o maior psicólogo que já existiu faz uma abordagem original da relação entre ciência e religião, ligando os principais ensinamentos de Jesus às descobertas recentes da psicologia.

Com base em sua experiência como terapeuta e no seu profundo conhecimento da Bíblia, Mark Baker demonstra por que a mensagem de Cristo é perfeitamente compatível com os princípios da psicologia: ela contém a chave da saúde emocional, do bem-estar e do crescimento pessoal.

Em uma linguagem simples e cativante, ele mostra que, seja qual for a nossa crença religiosa ou filosofia de vida, todos podemos nos beneficiar da sabedoria daquele que, como diz o autor, foi o maior psicólogo de todos os tempos.

Organizado em dezenas de lições concisas, esse livro é uma coleção de valiosos exemplos práticos sobre como essa sabedoria comprovada pelo tempo pode nos ajudar a resolver os problemas do cotidiano, a repensar atitudes e a praticar o perdão, a solidariedade e a lealdade, valorizando nossas vidas e nossos relacionamentos com mais amizade e amor.

CONHEÇA OS CLÁSSICOS DA EDITORA SEXTANTE

1.000 lugares para conhecer antes de morrer, de Patricia Schultz

A História – A Bíblia contada como uma só história do começo ao fim, de The Zondervan Corporation

A última grande lição, de Mitch Albom

Conversando com os espíritos e *Espíritos entre nós*, de James Van Praagh

Desvendando os segredos da linguagem corporal e *Por que os homens fazem sexo e as mulheres fazem amor?*, de Allan e Barbara Pease

Enquanto o amor não vem, de Iyanla Vanzant

Faça o que tem de ser feito, de Bob Nelson

Fora de série – Outliers, de Malcolm Gladwell

Jesus, o maior psicólogo que já existiu, de Mark W. Baker

Mantenha o seu cérebro vivo, de Laurence Katz e Manning Rubin

Mil dias em Veneza, de Marlena de Blasi

Muitas vidas, muitos mestres, de Brian Weiss

Não tenha medo de ser chefe, de Bruce Tulgan

Nunca desista de seus sonhos e *Pais brilhantes, professores fascinantes*, de Augusto Cury

O monge e o executivo, de James C. Hunter

O poder do Agora, de Eckhart Tolle

O que toda mulher inteligente deve saber, de Steven Carter e Julia Sokol

Os segredos da mente milionária, de T. Harv Ecker

Por que os homens amam as mulheres poderosas?, de Sherry Argov

Salomão, o homem mais rico que já existiu, de Steven K. Scott

Transformando suor em ouro, de Bernardinho

Informações sobre os próximos lançamentos

Para saber mais sobre os títulos e autores
da EDITORA SEXTANTE,
visite o site www.sextante.com.br
ou siga @sextante no Twitter.
Além de informações sobre os próximos lançamentos,
você terá acesso a conteúdos exclusivos e poderá
participar de promoções e sorteios.

Se quiser receber informações por e-mail,
basta cadastrar-se diretamente no nosso site.

Para enviar seus comentários sobre este livro,
escreva para atendimento@esextante.com.br
ou mande uma mensagem para @sextante no Twitter.

Editora Sextante
Rua Voluntários da Pátria, 45 / 1.404 – Botafogo
Rio de Janeiro – RJ – 22270-000 – Brasil
Telefone: (21) 2538-4100 – Fax: (21) 2286-9244
E-mail: atendimento@esextante.com.br